Comunicación

Mejorar la competencia de comunicación
interpersonal en las relaciones románticas

*(Mejore la productividad y aumente la eficiencia de la
comunicación)*

Victor-Manuel Chamorro

TABLA DE CONTENIDOS

La Conversación Creativa 1

El Paradigma De La Caja En La Comunicación Educativa 17

Adquiera La Habilidad De Emplear Vocablos Que Generen Una Respuesta Emocional En El Interlocutor. 22

Lenguaje Corporal 25

Comunicar 30

En Ausencia De La Libertad De Expresión Y En Presencia De La Censura 30

Los Animales Demuestran Un Amor Incondicional. 54

La Voz: Su Control Y Maestría 75

Muestre A Su Pareja Su Aprecio 108

La Interacción Social A Través De La Distancia Y Los Efectos Espaciales 124

Los Prosumidores Son Personas Que Consumen Y Producen Contenido Al Mismo Tiempo. 172

Recomendaciones Para Mejorar Las Habilidades De Oratoria En Público 180

La Conversación Creativa

En los primeros dos capítulos se han abordado técnicas para la recuperación de habilidades para la expresión individual, tales como la utilización de la asertividad, la técnica de la respiración, el conocimiento de los derechos comunicativos, entre otros recursos relevantes. Desde la perspectiva de la comprensión de los efectos que la comunicación tiene sobre nuestra salud física y bienestar emocional. En consideración de lo anteriormente presentado, es importante señalar que la exploración de los entornos comunicativos del ser humano conlleva al abordaje de un nuevo paradigma en nuestros puntos de referencia personales respecto a nuestras interacciones sociales. Veamos esto…

El enfoque se centra en las relaciones interpersonales, no tanto en los individuos en sí mismos.

Reelaborando la cita de Ortega y Gasset, quien afirmaba "soy yo y mi circunstancia, y si no la salvo, no me salvo a mí mismo", desde la perspectiva de la comunicación creativa, podemos afirmar que "soy yo y mi circunstancia". conexiones, y si no las rescato, no puedo rescatarme a mí mismo".

De esta manera, nuestra capacidad para comunicarnos adquiere una mayor influencia, permitiéndonos promover el bienestar físico y emocional, así como fomentar la creatividad entre aquellos individuos que forman parte del entorno comunicativo. Esta cuestión reviste de gran importancia debido a que en épocas anteriores, se consideraba que un individuo que demostraba timidez, temor o depresión en su conducta, era etiquetado directamente como un sujeto tímido, miedoso o depresivo, sin profundizar en su realidad como individuo completo. La característica que observamos como inherente a los individuos, en verdad representa una personificación de la influencia que los vínculos tienen sobre ellos. Se trata de una manifestación tangible de una energía colectiva. Y esto tiene una gran trascendencia.

Con base en lo desarrollado, se puede afirmar que las condiciones relacionales son los impulsores de una gama de emociones que limitan o posibilitan el potencial humano en los individuos. ¿Podría entenderse esto como una exhortación a asumir compromisos interpersonales? Confío en que se cumpla de esa manera.

Adquirir conocimiento acerca de dichas temáticas representa un primer logro significativo.

Observemos lo que considero un sólido ejemplo acerca de esta conciencia relacional. Si nos desplazamos hacia la cultura afiliada de las comunidades del Pacífico (maorí, hawaiano, papú), podemos observar la importancia que se otorga a las condiciones relacionales que impactan tanto al individuo como a sus interacciones con los demás. De acuerdo a lo expuesto por ellos, se sostiene que existe un conjunto de cuatro vocablos que resultan esenciales en cada conexión interpersonal, pues son capaces de garantizar la convivencia pacífica y la prosperidad de los individuos involucrados. Estos términos son: perdón, lo siento, gracias y te amo. Las expresiones dadas deben ser proferidas y atendidas durante las deliberaciones verbales. De hecho, puede surgir una sensación de carencia de algunas de estas palabras en una relación cercana. Permítanme señalar que los Polinesios no utilizan estos términos como una recitación solitaria, sino que los consideran sagrados para ser expresados en sus relaciones, como una fuente de nutrición espiritual.

El incremento en la disminución del potencial creativo de nuestras interacciones verbales ocasiona no únicamente una falta de diversidad, banalidad y trabas en los individuos involucrados, sino también una escasez de significado personal y, como consecuencia, una mayor tendencia al consumo de bienes y a la afectación del medio ambiente.

Un análisis exhaustivo de la era actual sugiere que los seres humanos han retrocedido en términos de su poder personal, ya que perciben su poder para adquirir posesiones, gastar dinero y expandir sus límites e influencia. Sin embargo, nuestro genuino potencial reside en la creatividad personal, la cual actúa como un recurso interno capaz de permitirnos un crecimiento y desarrollo significativo. El arte y la práctica de la meditación poseen conocimiento sobre este tema.

Sin embargo, ¿de qué manera puede fomentarse el establecimiento de un entorno relacional propicio para la creatividad?

Cuando nos inclinamos a cuestionar nuestra percepción de las personas consideradas "tímidas", "temerosas" o "deprimidas" y, en cambio, elegimos centrarnos en las relaciones que dan lugar a tales rasgos, podemos asegurarnos de que el proceso creativo se ve reforzado por una contexto social propicio. En primer lugar, toda empresa incipiente demanda un respaldo y sustento para poder atesorar fructíferos resultados en su fase inicial. Por consiguiente, es importante destacar que la creatividad no se limita exclusivamente a individuos con habilidades creativas innatas, sino que abarca un espectro amplio y diverso de individuos. De la misma manera, el arte no se restringe únicamente a los artistas, sino que se expresa a través de ellos como intermediarios. La creatividad nos pertenece a todos, y empieza con la posibilidad de abrazar nuestra vida para hacer algo valioso con ella.

Debido a lo anterior, resulta imperativo que renovemos nuestros diálogos para así restablecer su carácter creativo, lo cual implica fomentar y propiciar la expresión de ideas genuinamente innovadoras. Se trata no solo de trabajar en mi habilidad para comunicar de manera efectiva, sino también de involucrarme activamente en los intercambios conversacionales que surgen en el entorno humano.

En cada una de nuestras interacciones, se presentarán elementos novedosos, algunos de los cuales podrían generar incomodidad y tal vez incluso ser expresados con cierta hesitación o sin haber sido mencionados previamente. Por lo tanto, conversar requiere expandir la perspectiva de uno hacia la contemplación y sintonizar el oído de uno hacia la escucha atenta. De esta manera, una vez que el ambiente social lo permita, el individuo, quien se encuentra oculto detrás de su función social, tendrá la oportunidad de expresar sus pensamientos y sentimientos en relación a su experiencia humana. La expresión de lo que aún no ha sido comunicado se considera un acto creativo y debe ser valorado como tal.

El proceso de comunicación se origina en el producto. "Por favor, trabaje en la razón por la cual" (Please work on the reason why)

Es de conocimiento que las personas no adquieren artículos: procuran encontrar respuestas a sus inquietudes. Las empresas generan valor mediante la exploración de las demandas no resueltas, así como de las necesidades y preferencias de su audiencia. Posteriormente, desarrollan y ofrecen soluciones apropiadas a dichos desafíos emergentes.

En cualquier lugar en el que me encuentre, anhelo sentirme resguardada de las posibles disminuciones menores. Cuando estaba matriculado en el Máster GESCO de ESIC, de la mano de Jesús Arranz, llegué a participar en el programa por recomendación de Ángel

Luis Cervera y decisión de José María Juan. Durante nuestro análisis del uso de celebridades con fines publicitarios, cité constantemente este ejemplo específico. Los profesionales recomendados sugirieron a INDAS la opción más adecuada en términos de prescripción para comunicarse con las mujeres que padecen incontinencia. Concha Velasco optó por emplear la marca Indasec, una compresa diseñada espacialmente para pérdidas menores de orina, debido a que le brindaba una mayor sensación de seguridad (principal ventaja). Adicionalmente, esta compresa especializada contenía un neutralizador de olores y ofrecía una serie de argumentos que sustentaban dicha ventaja. Según el anuncio televisivo emitido en 2003, con una duración de 20 segundos, se produjo la ruptura del tabú que durante mucho tiempo envolvió el tema de la incontinencia urinaria en

España. Razón por qué. Los profesionales de la publicidad emplean este concepto para desarrollar sus estrategias de promoción. Consiste en identificar los factores lógicos y las justificaciones que respaldan el principal valor agregado que ofrece un bien o un servicio.

Uno puede ubicar los materiales iniciales para la comunicación dentro del mismo producto o servicio, incluido el problema que resuelve, la solución que brinda, así como los costos que reduce. En resumen, el valor que se adapta a la audiencia es inherente al diseño, la producción y la difusión del producto. Le recomiendo que inicie el proceso de preparación de sus presentaciones por esa ruta. Trabaje el reason why.

La distancia media. Presentación efectiva a audiencias con el fin de atraer y retener clientes.

Utilice el sujetador omega con la designación '66'. Siempre funciona. Principio y fin. Comenzar y concluir con la misma noción.

La perfección es redonda. Desde el momento en que el ser humano hizo su aparición en la Tierra, ha manifestado una obsesión por la forma circular. Posiblemente debido a que durante toda su existencia, su entorno se ha regido por tres elementos esféricos de importancia capital: el astro solar y su satélite lunar, los cuales determinan la totalidad de las actividades humanas en el planeta; desde los ciclos diurnos y nocturnos hasta la variación de las estaciones, mareas, así como años y eras históricas.

"Yo nunca me gradué. Para ser honesto, esta situacion representa mi experiencia mas cercana a una ceremonia de graduacion universitaria. De tal forma dio comienzo el discurso de graduación ofrecido por Steve Jobs, en su oportunidad de ser invitado a la Universidad de Stanford el 12 de junio de 2005. Indudablemente, se trata de uno de los discursos más destacados en la historia reciente de nuestro país. Es perfecto. Comienza empatizando y conectando con humildad con el público (ya habéis conseguido más que yo). Expositivamente expone la idea central de que la vida es frágil y breve, por lo tanto, es fundamental aprovecharla al máximo, realizando lo que nos apasiona. Para sustentarla adecuadamente, se presentan tres relatos que ejemplifican los argumentos fundamentales que respaldan esta teoría: En primer lugar, se establece que todas las acciones realizadas poseen un propósito relevante y positivo; seguido de que es preciso experimentar y aprender de los errores para alcanzar nuestras metas; por último, se concluye que dado que la vida posee ciertas restricciones temporales, es esencial tomar el control de nuestras decisiones y acciones para así vivir con plenitud. Por último, se concluye el discurso retomando el argumento inicial y motivo principal del mismo, es decir, la ceremonia de graduación. "Sigue hambriento. Sigue alocado. Desde hace mucho tiempo, he acariciado ese anhelo personal. En este momento en que vais a completar vuestros estudios y a embarcaros en una nueva etapa, quiero expresar mis más sinceros deseos para vuestro futuro. Seguid hambrientos. Seguid alocados."

Use el cierre omega. Es perfecto. Hace la comunicación redonda. Concluya el discurso de manera circular, retornando a la idea inicial de la introducción. Funciona. Desde el surgimiento de los primeros homínidos, hace más de dos millones de años, se ha podido evidenciar la efectividad de lo circular.

El Paradigma De La Caja En La Comunicación Educativa

En este momento, es pertinente hacer un breve repaso acerca del paradigma de la Comunicación Educativa y su origen.

Ya se había establecido anteriormente que el modelo fundacional de la comunicación es el EMR en el ámbito de las ciencias de la comunicación. Deseo reiterar que esta expresión encubre todos los demás elementos revelados por el paradigma de praxis que ya hemos analizado, tales como el propósito y la finalidad detrás de la misma, entre otros aspectos relevantes.

Cuando se trata de Comunicación Educativa (CE), volvamos al punto donde lo dejamos: EMRAR'I, donde tenemos un Profesor emisor (E) que difunde un Mensaje de sustancia (M), que cuando es recibido por un receptor estudiante (R), debe ser descifrado y específicamente Aprendido (A), arrojando un Resultado (R') que necesita ser evaluado, cuantificado, calificado y Comunicado (I).

La versión formal de la misma oración podría ser: "El sistema educativo escolar convencional tiene como objetivo generar egresados con una identidad profesional diferenciada, manteniendo la homogeneidad en sus características personales". En resumen, el sistema educativo institucional se esfuerza por eliminar las distinciones individuales mediante diversos métodos, lo que podría ser denominado como el enfoque paradigmático de homogeneización.

Con el objetivo de facilitar la comprensión del asunto, me permitiré relatar una breve alegoría: Según se cuenta, los cóndores son aves de gran envergadura que precisan de una extensa carrera de despegue para lograr elevarse en el aire. Entonces, se ideó una solución para evitar que el cóndor escapara: colocarlo dentro de una caja de dimensiones adecuadas que le impidieran alzar el vuelo. Se produce una situación similar en lo que concierne a los impactos de la homogenización de los estudiantes en su progreso dentro del sistema educativo.

Es posible que sea apropiado relatar una pequeña historia: Un progenitor, agobiado por el desempeño académico insatisfactorio de su vástago, se dirigió a un conocido de larga data quien tenía experiencia como líder académico y le suplicó amablemente que le nombrara al profesor más destacado, para impartir enseñanzas privadas a su hijo, con el objetivo de mejorar su rendimiento académico. La respuesta obtenida de su amigo, el director, sugirió que podría ser más beneficioso asignar fondos a lecciones privadas para su hijo, a fin de brindar más apoyo a sus intereses.

La cuestión fundamental en juego es que los Sistemas Educativos Escolares exigen que sus egresados posean un perfil específico y los evalúen de manera lineal. Al examinar detenidamente los programas académicos y planes de estudio, se puede constatar que el número de asignaturas electivas y presuntamente opcionales es reducido en comparación con aquellas de carácter obligatorio. Por consiguiente, una vez graduados, resultaría beneficioso conocer qué conocimientos adquiridos son esencialmente aplicables en nuestra trayectoria laboral. No hay datos estadísticos disponibles sobre este asunto.

Este es un problema importante que será difícil de resolver, pero es solo su responsabilidad superarlo. De ahí surge la necesidad de discutir esta praxis para vuestro desarrollo personal, que será facilitada por la plataforma formativa que os brinda el Sistema Educativo Escolar, que os brinda actualmente o que os brindó en el pasado, y que dotaréis de vuestro sentido personal.

Adquiera La Habilidad De Emplear Vocablos Que Generen Una Respuesta Emocional En El Interlocutor.

Si el diseño de la comunicación es adecuado y se prioriza este aspecto importante, los resultados del ejercicio de comunicación culminarán en los efectos deseados.

Emociones

Adquirir habilidades para reconocer y agregar vocablos en la estructura del discurso junto con la interpretación del comportamiento no verbal resultará sumamente beneficioso al esforzarse por evocar una respuesta emotiva en todas las partes implicadas.

La utilización de expresiones y creaciones apropiadas para generar una reacción emocional constituye uno de los medios para conseguir tal impacto. La técnica de comunicación que busca evocar emociones se basa en el uso selecto de vocabulario con el propósito de retratar una imagen verbal que pueda ser equiparable a la pintura de un cuadro.

Este aspecto reviste una gran relevancia para el expositor, quien focaliza su atención en lograr el efecto anhelado en el destinatario con el propósito de alcanzar las metas establecidas.

No obstante, conviene considerar que la utilización de la apelación emocional puede generar un efecto contrario al buscado.

En consecuencia, resulta esencial prever la identificación anticipada de las emociones objetivadas mediante la aplicación de técnicas comunicativas adecuadas, con la finalidad de seleccionar el vocabulario más preciso y acertado que describa de manera fiel el contenido efectivo del mensaje a ser transmitido.

A continuación se presentan algunas sugerencias acerca de cómo utilizar las palabras de manera efectiva para lograr una respuesta emocional deseada.

Utilizar terminología descriptiva y visual para permitir al receptor visualizar claramente la imagen en su mente, es una técnica efectiva para generar las emociones deseadas.

La utilización de sonrisas y metáforas es un recurso eficaz para evocar las emociones buscadas en el contenido del mensaje con el propósito de potenciar su impacto.

Asimismo, existen vocablos auténticos que pueden ser utilizados para suscitar sentimientos vigorosos tanto en el sustrato de la exposición como en la intención global del contenido.

Lenguaje Corporal

Es factible capturar la idea principal de un mensaje que se ha traducido, en particular cuando la comunicación no verbal empleada no transmite de manera efectiva el contenido auténtico del mensaje destinado al receptor. En consecuencia, resulta de suma importancia cerciorarse de la selección y empleo apropiado del lenguaje corporal a fin de armonizar con el mensaje que se desea comunicar. Esta constituye una de las alternativas más eficaces para fortalecer el mensaje que se comunica.

Qué están diciendo

Tanto si se busca crear una impresión favorable en el primer encuentro como si se pretende brindar una presentación contundente y efectiva, es crucial que el lenguaje corporal que acompaña la comunicación sea apropiado. De lo contrario, puede resultar poco probable alcanzar los objetivos deseados.

Aspectos tales como la modificada posición del cuerpo, el saludo con consistencia en las presiones de las manos, el nivel de contacto visual, la actividad demostrada, los gestos entusiastas, la postura adoptada al sentarse y el tono vocal abordado representan diversas herramientas del lenguaje corporal que merecen un grado de consideración para garantizar su correcta utilización en consonancia con el mensaje deseado.

Es recomendable que se ponga atención al lenguaje corporal del receptor durante la comunicación, lo cual permitirá al emisor detectar su grado de interés en lo que se está transmitiendo.

Este recurso resulta sumamente valioso, puesto que posibilita que el emisor modifique tanto el contenido temático, el estilo como la selección léxica, al tiempo que puede incorporar los movimientos corporales adecuados que atraerán la atención de aquellos oyentes que pudieran estar perdiendo interés, o bien mejorar la atención de aquellos que ya se encontraban interesados.

Aprender sobre el lenguaje no verbal constituye un factor de gran relevancia para conocer de manera directa el grado de recepción y comprensión del mensaje transmitido. Indudablemente, esto constituye una ventaja significativa para alcanzar una adecuada armonización, considerando la importancia de garantizar..."

Todo ejercicio comunicativo consigue los efectos pretendidos para los que se concebió en un principio.

Muchas personas cuyas profesiones se basan en la capacidad de identificar las reacciones de los demás mediante la interpretación del lenguaje corporal, atestiguarán la pertinencia y eficacia de dicha habilidad para optimizar la comunicación.

Comunicar

En Ausencia De La Libertad De Expresión Y En Presencia De La Censura

En Anchilo, la misión a la que llegué, comencé a trabajar, como todos, sin acceso a electricidad, telefonía ni computadoras. Además, el país estaba gobernado por un solo partido político, que impuso una postura ideológica uniforme y censuró a los medios. Sobre todo, las personas no podían expresarse libremente, ya sea de forma oral o escrita, o en foros públicos.

Las vías de comunicación como la televisión, Internet y los teléfonos móviles aún no se habían establecido. La única estación de radiodifusión, 'Radio Mozambique' y el periódico 'Noticias' que llegaban quincenal o trisemanalmente a través de la conexión aérea exclusiva a la ciudad capital de Maputo, estaban bajo la jurisdicción del Estado. El transporte terrestre solo era autorizado bajo el esquema de convoy militar, en el que se asignaba al primer vehículo la tarea de remover los artefactos explosivos improvisados que obstruían la vía, mismos que representaban un peligro inminente de mortalidad para cualquier vehículo o individuo que inadvertidamente los transitaran. El convoy que atravesó nuestra misión Anchilo partió de Nampula y terminó en Nacala Puerto, ciudad ubicada sobre el Océano Índico. Adicionalmente a un contingente militar, los únicos medios de transporte disponibles eran utilizados por valientes comerciantes que se aventuraban a proveerse en el puerto, exponiéndose al riesgo de sufrir asaltos, robos, secuestros y homicidios durante su trayecto. Un automóvil o dos, conducidos por misioneros y misioneras, eran utilizados con regularidad para transportar provisiones, correspondencia, información y, lo que es más importante, esperanza, a sus compañeros y compañeras laborando en sitios remotos, donde éstos últimos eran los únicos que permanecían para compartir las dificultades y penurias que afrontaba la población rural. La ocasión brindaba una oportunidad invaluable para asegurar que quienes se encontraban en la lejanía no quedaran aislados de la ayuda y el apoyo necesarios.

En numerosas ocasiones, motivados por situaciones de emergencia y sin considerar disposiciones establecidas, llevábamos a cabo trayectos nocturnos, transitando por carreteras de difícil acceso y sorteando diversos obstáculos, lo que generaba en nosotros un gran temor y nos mantenía en constante alerta ante posibles ataques guerrilleros. Durante gran parte del recorrido, elevábamos nuestras oraciones en aras de nuestra seguridad.

En este contexto adquirí posteriormente la comprensión de que la Comunicación no se circunscribe exclusivamente a los recursos y herramientas que posee un profesional en la materia, aunque ciertamente son de gran importancia, no representan la totalidad de los aspectos relevantes. Asimismo, esta noción fue transmitida a través del conocimiento compartido por terceros. La motivación interna, la capacidad de observación, el arte de hacer preguntas, de escuchar activamente, de brindar apoyo, de mostrar comprensión, de ser tolerante y de conceder el turno de palabra, son aspectos fundamentales. Al reconocer la oportunidad que se me presentaba al ocupar un puesto de mayor responsabilidad en el ámbito de mi interés, la comunicación se convirtió en una pasión para mí.

Simultáneamente meditaba acerca del posible alcance que esta modesta publicación, conllevando gran esfuerzo al producirla en condiciones de escasa iluminación, carencia de telecomunicaciones y arduo trabajo para ensamblar cada página, incorporando rollos de texto y en ocasiones, únicamente caracteres impresos por medio de una máquina IBM con limitada capacidad de almacenamiento, podría tener sobre su audiencia. Qué admirable capacidad de perseverancia ¿Será recompensada en última instancia? Las respuestas a estas preguntas fueron inmediatas.

La publicación VIDA NOVA, que es una pequeña revista de la diócesis de Nampula, había resistido y superado con éxito los primeros y arduos años de censura, en los que unas pocas palabras pronunciadas de acuerdo con la ideología imperante en la época eran motivo suficiente para que un individuo ser expulsado del país. Alguna vez, para protestar a causa de la información que el censor le impedía publicar, los valientes directores de aquellos tiempos, habían dejado una página en blanco para decir, simbólicamente, que había algo que no les permitían publicar. Para mí, igualmente resultaba incómodo transportar los borradores de la revista hasta la urbe y presentarlos en las sedes del censor, y en algunas circunstancias aguardar por más de una semana antes de recibir retroalimentación. Bastaba un título, una palabra o una frase que se opusiera a la incitación y la violencia presentes en el discurso oficial, para que los borradores quedaran allí hasta que los recibiéramos, con las palabras y frases correspondientes debidamente borradas, por la espera en vano. En mi perspectiva, como la información es un derecho fundamental de los individuos, procuré transmitir el mismo mensaje por medio de una imagen y su correspondiente explicación.

Las letras escritas a mano en hojas de viejos cuadernos o pedazos de papel impreso en el reverso sirvieron como fuentes iniciales de información a través de las cuales me acerqué a la realidad del país al que había llegado. Las mencionadas sustancias arribaban constantemente, siendo transportadas de forma ciclista, oculta en los compartimientos de los pantalones, además de aparecer en ocasiones impregnadas y selladas con la resina extraída del conocido cajueiro.

En una parte, resultaba inviable efectuar traslados a lugares distantes a excepción de recorridos breves. La ausencia de una orden oficial para orientar el avance limitaba considerablemente la movilidad en las zonas bajo control militar. No obstante, a pesar del peligro inminente de perder sus vidas, algo que ocurría con gran frecuencia, las personas se esforzaban por hallar una forma de alcanzar la misión.

Perseveró la formación de los agentes encargados de la Pastoral en las Comunidades. Mientras el partido político único aplicaba su ideario, en el Centro Anchilo se organizaban Cursos y Talleres en temas como Derechos Humanos, Democracia y Evangelización Libertadora. La gente estaba ansiosa por adquirir conocimientos, adquirir habilidades y comprender las razones detrás de la guerra aparentemente interminable. Estaban motivados para organizarse y explorar posibles soluciones, como campañas de petición y marchas por la paz dirigidas por mujeres.

En esa realidad, la COMUNICACIÓN se convirtió en un MINISTERIO, un servicio indispensable para toda comunidad. Los habitantes rurales, de común ciudadanía, proporcionaban informes detallados sobre los más atroces asaltos perpetrados por la guerrilla, así como la infracción de sus derechos por parte de las fuerzas armadas, incluyendo casos de secuestros, torturas, incendios, destrucción y fallecimientos. En cada comunicado, se especificaba el recuento preciso de individuos raptados y asesinados, edificios religiosos y casas incendiados, y estudiantes secuestrados tanto por la guerrilla como por las fuerzas militares, tornando innecesario el papel del periodismo en dichas circunstancias. Ellos se habían asignado la tarea de comunicar, proporcionar información y reportar hechos relevantes. La abundancia de información que adquirí de las múltiples cartas provenientes de diversas localidades como Mecuburi, Warrica, Nacaroa, Mualeia, Carapira, Monapo, y los reportes en vivo por parte de los individuos que huían de ataques al convoy, represalias del bloque militar y el incendio de la escuela del vecindario, ha resultado en un incremento significativo en mi conocimiento.

Mi institución periodística estaba compuesta por las fuentes de información siendo los testimonios de hombres, niños, catequistas, madres... Mi aspiración no decayó, más bien se fortaleció en medio de una situación bastante palpable, llena de numerosas noticias que eran desconocidas. por las grandes agencias de noticias, y muy alejadas de sus intereses.

Una situación que me inspiró aún más fue cuando nuestro equipo editorial recibió extensas listas que contenían los nombres de personas que habían sucumbido al hambre, provenientes de nuestras propias hermanas y misioneras. Para concientizar sobre esta emergencia, compartimos alguna información a emisoras internacionales. El resultado implicó repudiar nuestros informes, todo mientras nos presentaba como "exageradores".

Estas y otras experiencias reforzaron nuestra convicción sobre el compromiso y el deber de empoderar aún más a las personas, ya que todos tienen derecho no solo a ser consumidores sino también protagonistas de la información.

Fomentar en los jóvenes la idea de ser los protagonistas de su propia información era nuestro anhelo primordial. La sustitución de armas de fuego por artículos como esferos, cuadernos, máquinas de escribir, micrófonos y grabadoras fue anhelada como una señal prometedora de paz y progreso. Estábamos impacientes por dar inicio a un proceso de reconstrucción y reconciliación en un ambiente de respeto y libertad, en consonancia con nuestras aspiraciones más deseables.

No ha sido sometido a revisión por las autoridades competentes.

No estoy seguro de cómo articular las emociones que se evocaron el día en que, en la página final del humilde periódico, inscribimos la frase "No inspeccionado por las autoridades". La cantidad de suscripciones experimentó un fuerte aumento y una consecuente multiplicación en un país en el que la tasa de analfabetismo se mantenía todavía elevada. La pobreza afectaba tanto a la salud física como psicológica de las personas. Se había registrado un aumento significativo en la tasa de mortalidad infantil, la cual se elevó a 400 por cada mil nacimientos. No mencioné la cifra de cuarenta; específicamente, afirmé que 400 niños de cada 1000 fallecían antes de cumplir los cinco años. Además, no obstante lo anterior, con la instauración del régimen de libertad y la consolidación de la paz, la esperanza revitalizó el espíritu de la totalidad del pueblo.

Hemos publicado un número íntegro de nuestra revista bajo el título "Cartas no leídas". En efecto, un importante volumen de información que se recibía y filtraba correspondía a las misivas en las que los individuos compartían aquellos pensamientos y sentimientos que les eran vedados expresar en público y con plena libertad. Entre ellas, las amables cartas de los estudiantes que habían viajado a Cuba, en la Isla de la Juventud. Para ir al cine, tomamos prestados pantalones de nuestros colegas chinos, ya que nuestro gobierno no nos proporcionó ropa. Resulta altamente sorprendente para nosotros cuando se afirma la ausencia de un ser divino. Nuestra respuesta a su pregunta es la siguiente: en nuestro territorio residen hombres y mujeres que se autodenominan misioneros, cuyo propósito es servir a Dios mediante el establecimiento de hospitales y el cuidado de nuestros enfermos. "Hemos adquirido conocimientos en las instituciones educativas que ustedes ofrecen".

Con el descubrimiento de numerosas cartas previamente no publicadas, surgieron una gran cantidad de casos de violación de los derechos humanos, abusos, corrupción y sufrimiento. Simultáneamente, surgió una profunda sed y esperanza por la pronta llegada del día de la libertad y la paz.

Talleres de comunicación

El mecanismo inicial para iniciar un proceso de conversación atenta y eficaz, para proporcionar una plataforma para las voces de mujeres, jóvenes e individuos de entornos comunitarios, se instituyó a través de talleres de comunicación. El deseo y la oportunidad de expresarse libremente fue una experiencia inmensamente profunda y liberadora para quienes habían pagado muy caro la falta de libertad de expresión. Para los organizadores y animadores, el acto de romper el silencio provee una gran satisfacción además de una valiosa fuente de información.

Los Talleres de Comunicación se establecieron con el propósito de establecer los cimientos para la creación de una Escuela de Periodismo, que inicialmente se desarrollaría en una dirección distinta a la que se había planeado en México. En este lugar, había una participación activa de estudiantes y docentes de manera simultánea. Todos aprendíamos de todos. La palabra era un derecho de todos, mientras que la información constituía un deber y una misión de todos.

Los talleres dieron lugar a los primeros medios informativos de pequeña escala. A pesar de su reducido tamaño, estos elementos son de gran importancia para el contexto actual que se desarrollaba en Mozambique. Los jóvenes establecieron "A CIDADE - LA CIUDAD", un diario de cuatro páginas, que contiene sus pensamientos reflexivos, entrevistas detalladas con los ciudadanos, con los desmovilizados del ejército, con los trabajadores que retornaron a las fábricas, con los comerciantes del mercado, con los profesores...en resumen, es la representación de la voz del pueblo con ímpetu de manifestarse.

Posteriormente, las DAMAS, una vez adicionadas de mayor instrucción, establecieron su propio diario denominado "de Dama a Dama". Con el transcurso de varios años y la reconstrucción de las instituciones educativas, las alumnas procedentes de múltiples colegios y residencias estudiantiles en diversas regiones y urbes, se mantenían cohesionadas, instruidas y avocadas gracias a su periódico "EscoLAR" (acrónimo que fusiona las palabras Escuela y Lar o hogar de acogida).

Nace una Radio

Un paso más, era el anhelado y soñado logro de abrir una estación de radio en Nampula. Ya no se trataba de publicaciones impresas de escasa envergadura, limitadas a dos hojas. La radio era una voz que inundaba las ondas de la capital del norte, penetrando en los hogares y haciendo eco en las calles, mercados y más allá, tanto de día como de noche.

El lanzamiento de "RADIO ENCONTRO" en la ciudad de Nampula fue todo un éxito. Finalmente se escuchaba una voz disidente tras años de ideología monolítica, supresión y vigilancia por parte del poder estatal.

¿Cuál es la persona responsable por el invento y desarrollo de la radio? Empezó pequeña. Nada nace grande... Los locutores, periodistas y conductores del programa no eran otros que los jóvenes que, dos años antes, habían comenzado a escribir sus primeras noticias en papel reciclado con un ferviente deseo de expresarse libremente, desechándose los grilletes del dogma monolítico prevaleciente que aún prevalecía.

Nuestro equipo laboraba con un entusiasmo notable, integrando al señor Lionel, preparado profesional de Portugal, así como a los misioneros Zé, Piero, Antonio, mi persona, y posteriormente, otros colaboradores.

La transmisión de RADIO ENCONTRO 101.9 FM se escuchaba en todos los rincones de la ciudad y las radios portátiles de transistores se convirtieron en el bien más codiciado de esa época.

Radio Mozambique, como emisora estatal oficial, nos ha pedido que tengamos la amabilidad de compartir con ellos algunas noticias dado que actualmente carecen de actualizaciones significativas. El acto de sintonizar discursos no censurados constituía una experiencia completamente distinta, y la llegada de una EMISORA COMUNITARIA a la ciudad, después de un prolongado periodo de dictadura, no dejó de generar una gran conmoción en la población en general.

A continuación, se presentan los títulos de algunos programas.

Buenos días, Nampula - Crónicas de Nuestra Ciudad. Este programa, que estaba bajo la supervisión de un joven excepcionalmente astuto, presentaba retratos de personas y lugares marginados que cobraban vida a través de sus vívidas descripciones y su música.

La promulgación de la democracia en tiempos recientes ha generado una creciente atención hacia los temas de derechos humanos y la redefinición constitucional. Al igual que la difusión del mensaje evangélico en su momento, la divulgación de estos asuntos ha cobrado una importancia crucial en la sociedad actual. Estas noticias auspiciosas nutrían las expectativas, el discernimiento se intensificaba y se iniciaba el planteo de denuncias por las injusticias padecidas, con el deseo de obtener reparación adecuada.

El programa 'De Mujer a Mujer' resulta ser una iniciativa de notable interés, aunque cabe destacar que su implementación no siempre resulta una tarea sencilla. Mujeres de todos los ámbitos de la vida -empresarias, campesinas, católicas, analfabetas, maestras, protestantes, empleadas domésticas- fueron empoderadas por la herramienta de sus voces y palabras para tomar el micrófono, expresar sus opiniones, compartir información, denunciar injusticias... A veces , género, o mejor dicho, resistencia a la noción de igualdad de derechos y oportunidades, afloró bruscamente, al punto que tuve que bajar rápidamente el volumen para evitar airear comentarios sin sentido. No obstante, las mujeres siempre estuvieron a la vanguardia.

Los días domingos, en las primeras horas de la jornada, en vez de transmitir la sección de la crónica, Helísio daba inicio al programa denominado "Buenos Días Nampula" mediante la recitación de una oración que combinaba elementos tanto cristianos como seculares. Como padre joven, carecía del vocabulario propio de un sacerdote o un estudiante seminarista. En ocasiones, solía amalgamar un salmo con una noticia de prensa, proporcionando un cariz sagrado a las novedades diarias. Tras la emisión de su programa, hacía acto de presencia un joven de fe musulmana con su producción titulada "La voz de las comunidades", en la cual era acompañado por su tía practicante de la religión católica. Mediante entrevistas, se transmitían en antena las progresiones de las comunidades que, en aquel período, se caracterizaban mayormente por estar desprovistas de clero, evolucionando y avanzando con el compromiso por parte de los laicos.

Los Animales Demuestran Un Amor Incondicional.

Numerosas especies tienen el potencial de servir como instrumentos para promover la aceptación humana entre sí, libres de cualquier forma de desigualdad. Los seres no humanos no establecen limitantes, requisitos o restricciones; tampoco incurren en crítica, juicio o acusación. Ellos adoptan un enfoque sencillo y aceptan sin reservas tanto a sí mismos como a los demás y al entorno que los rodea. Simplemente debemos estar dispuestos a ser receptivos para permitir que otras especies, con su experiencia en la aceptación incondicional, nos guíen. Facilitar el respaldo de otros animales es una tarea sencilla, no obstante, es imperativo tener presente que dicha acción demanda un enfoque distinto al convencional al cual nos encontramos acostumbrados a interactuar.

Hasta qué punto debería concederme a mí mismo y a los demás el permiso de aceptación incondicional.

¿LOS ANIMALES TIENEN PROBLEMAS?

En la contemporaneidad, la especie humana ha demostrado ser la más problemática respecto a la problemática planetaria, no obstante, no es menos cierto que los animales también enfrentan diversas problemáticas. Nosotros poseemos una capacidad y potencial superiores a los demás organismos vivos; sin embargo, nuestra tendencia a la inactividad dista de maximizar dichas cualidades. El ser humano puede ser equiparado al hermano mayor, quien, si bien ejerce autoridad, tiende a evitar la asunción de responsabilidades.

En la actualidad y dentro de la sociedad contemporánea, se puede observar que los seres animales cuentan con mayores oportunidades para ejercer un impacto beneficioso en nuestras vidas que el que nosotros podemos tener sobre ellos. En virtud de mi experiencia, considero que, ante la presencia de algún problema en un animal, es esencial que se comience por llevar a cabo una evaluación minuciosa del entorno humano que lo rodea, a fin de abordar apropiadamente los posibles inconvenientes que el animal pudiera estar enfrentando.

En la mayoría de las situaciones, la capacidad de los animales es alterada por el influjo de la mente humana, específicamente, las complicaciones psicológicas y emocionales de los individuos inciden en ellos de manera inmediata. Este término se relaciona con el desequilibrio emocional abrumador y estancado, el malestar generalizado, las preocupaciones, el nerviosismo, la ansiedad, la confusión, la identificación con información errónea, las malinterpretaciones y otras características mentales que a menudo no sabemos cómo aliviar. Cuando se prolongan en el tiempo, estos síntomas pueden convertirse en problemas crónicos de naturaleza psicológica, lo que ocasiona una automatización persistente que suele ser más difícil de resolver. No obstante, es importante destacar que toda circunstancia, por más compleja que sea, puede ser mejorada e incluso solucionada al identificar detalladamente las causas y los factores subyacentes mediante la práctica de la telepatía.

Por consiguiente, cuando variaciones surgen en nuestras problemáticas psicológicas, se observa una mejora expedita en la condición del animal por sí solo. Particularmente, los animales domésticos acostumbran a estar considerablemente restringidos por el dominio de la mente humana. Esta situación no denota nuestra intención de infligir daño alguno, sino más bien nuestra falta de conciencia, en la mayoría de las circunstancias, acerca de las posibles repercusiones perjudiciales que podríamos acarrear, incluso a nosotros mismos. Los procesos cognitivos pueden influir en la percepción de la realidad y ejercer un impacto significativo sobre la misma.

Además, es importante considerar que existen posibles dimensiones espirituales que pudieran dar lugar a situaciones problemáticas o conflictos, los cuales no necesariamente se relacionan con creencias religiosas. Al tener en cuenta este nivel de realidad, se presentan oportunidades de transformación que se ratifican a través de los logros alcanzados. En múltiples ocasiones, se nos presenta la imposibilidad de solucionar ciertas situaciones debido a la falta de consideración del plano espiritual, donde radica una notable cantidad de las causas que provocan las problemáticas presentes. Al explorar las profundidades del conflicto, se produce una liberación automática de los elementos residuales que pudieran haberse sedimentado en el nivel espiritual por un tiempo considerable, lo que resulta en una sensación de alivio, liviandad y purificación del alma. Las entidades espirituales a las que suelo aludir se originan comúnmente a partir de la acumulación de vivencias traumáticas o generalmente adversas, así como de pensamientos o sentimientos relacionados que no se depuraron adecuadamente y que, a lo largo del tiempo, se obstaculizaron y acogollaron.

Además, el nivel espiritual puede comprender aspectos como >, que también pueden percibirse como experiencias con las que cualquier ser vivo puede resonar o identificarse. Por consiguiente, en ausencia de la creencia en la existencia de tales experiencias, una vez que son conscientemente detectadas, se produce típicamente una alteración en la circunstancia, que en última instancia constituye el propósito anhelado.

A continuación, se exponen ilustraciones de los casos problemáticos que los animales atraviesan, así como las causas subyacentes no conscientes. Cuando esas causas se reconocen, se logra mantener un equilibrio adecuado y se propicia la liberación de la energía estancada correspondiente a algunos episodios experimentados.

Ejemplo 1

Un canino presentó comportamientos propios de un felino. De manera intuitiva se sugirió que en una vida pasada se había encarnado como felino y no había logrado completar plenamente dicha experiencia, debido a ciertos desacuerdos que los seres humanos de su entorno tenían en relación a poner un fin o concluir etapas de sus propias existencias.

Ejemplo 2

En repetidas ocasiones se observó una contienda entre dos felinos; en uno de ellos pude percibir por medio de canalización telepática que la raíz del conflicto se derivaba de un evento kármico en el cual los gatos compitieron por recursos alimentarios escasos en una existencia previa.

Ejemplo 3

El comportamiento del conejo indicaba cierto temor hacia la presencia humana, lo cual sugiere telepáticamente que, posiblemente, había asimilado la experiencia ancestral de ser utilizado como fuente alimentaria por los seres humanos.

En las situaciones mencionadas, la información se obtuvo a través de la comunicación telepática entre cerebros, con una conexión primordial con el espíritu de los animales que presentaban dichas dificultades.

Aunque la información adquirida puede parecer peculiar a la mente analítica y juiciosa, condujo a la mejora de la situación tanto para los animales como para los humanos involucrados.

El espíritu puede considerarse como una vasta reserva de vivencias acumuladas que, con frecuencia, condicionan las experiencias por venir. Por consiguiente, resulta de suma importancia limpiar ese nivel, con el objetivo de llevar una vida más simple y, sobre todo, libre. La falta de elección impide la libertad. Con frecuencia, tomamos por supuesto que estamos predispuestos de cierta manera, sin tomar en cuenta que podemos modificar nuestra disposición si así lo elegimos.

Los enfoques tradicionales no siempre brindan una resolución a los problemas que enfrentan tanto los humanos como los animales, ya que no consideran los aspectos espirituales y telepáticos-físicos del asunto en cuestión. Si los seres humanos lograran asumir el control pleno de sus diferentes niveles, podrían apoyar de manera efectiva la transformación de sus compañeros animales en formas sin precedentes hasta ahora inimaginables. No pretendemos categorizar a nuestra especie como "superior" por medio de la mente humana, ni mucho menos. Esa es una evaluación segregacionista de la mente. Cada individuo en este mundo posee un papel esencial y crucial. Nos limitamos a destacar el potencial latente que espera nuestra atención y que, de alguna manera, ha sido manifestado en algunas etapas fugaces de la existencia humana, para poder establecer sinergias con otras formas de vida. De este modo, se produciría una sincera colaboración con todas las manifestaciones de la vida y el planeta podría llegar a parecerse a un estado similar al paradisíaco que antaño disfrutábamos.

¿Es consciente de la afirmación de que los individuos con una actitud positiva tienden a adoptar una perspectiva más positiva del mundo que les rodea? Un número considerable de personas ha observado que al hacer un esfuerzo consciente para adoptar una perspectiva más optimista, ocurre un efecto aparentemente milagroso en el que otros los saludan con una sonrisa, sus esfuerzos producen resultados más favorables y perciben el mundo que los rodea como más estéticamente. agradable.

Sin embargo, ¿puede respaldarse esta percepción con fundamentos científicos?

Durante un período reciente, la literatura científica ha notificado que en individuos con un estado de ánimo melancólico se manifiesta una merma en su capacidad de discernimiento emocional. Los estudios previos sugieren que las personas con sentimientos de tristeza parecen manifestar una mayor habilidad para detectar expresiones faciales que evidencien emociones tristes, un fenómeno que se ha denominado 'sesgo negativo'.

Según la teoría cognitiva de la depresión [10] y la teoría de la congruencia del estado de ánimo [11], [12], se postula que el estado de ánimo de un individuo ejerce un efecto congruente sobre su memoria y sus juicios sociales.

Por lo tanto, hemos establecido que un estado emocional negativo aumenta nuestra inclinación a emitir juicios negativos hacia los demás, lo que resulta en una mayor capacidad de identificar la emoción de tristeza. En contraposición, se podría afirmar que los estados afectivos positivos favorecerían una reconocimiento más preciso de la propia emoción de felicidad.

Otro estudio postula que las personas clínicamente deprimidas podrían exhibir deficiencias cognitivas adicionales (como tareas visoespaciales deterioradas) que afectarían naturalmente el reconocimiento emocional [13]. Los pacientes que presentan síntomas de depresión podrían evidenciar una reducción extendida de su capacidad para reconocer diversas emociones, tanto aquellas que son positivas como las que son negativas.

De manera análoga, Rottenberg y sus colegas ratificaron la hipótesis de que aquellos individuos que padecen desórdenes depresivos presentan una disminución en su capacidad para reconocer y asimilar múltiples manifestaciones emocionales. Con respecto a las personas con buena salud, se observó que cuando experimentaban estados de ánimo tristes, mostraban un sesgo negativo, pero no mostraban una disminución general en la eficacia del reconocimiento emotivo [14].

No obstante, el estudio de Bouhuys (1995) llevó a cabo una interesante investigación al presentar una serie de dibujos de expresiones faciales, muy esquemáticos, a diferentes pacientes. El estudio concluyó que los individuos con estado de ánimo melancólico percibían menos tristeza y felicidad que aquellos que se encontraban en un estado dichoso [15].

Hasta el presente momento, la investigación ha focalizado su atención mayormente en la habilidad de reconocimiento emocional en pacientes que experimentan un estado de ánimo depresivo, sin embargo, no se ha llevado a cabo un estudio exhaustivo con individuos sanos.

En adelante, sería interesante explorar un estudio realizado por Petra Claudia Schmid y Marianne Schid Mast; ambos investigadores distinguidos de la reverenciada Universidad de Neuchâtel en Suiza. El presente estudio aborda la influencia del estado emocional sobre la capacidad de reconocimiento de las distintas emociones, como se ha descrito en las referencias bibliográficas [16],[17].

Los investigadores realizaron un estudio destinado a comprender cómo el estado de ánimo (feliz, neutral o triste) de las personas sanas afecta su capacidad para reconocer las emociones alegres y tristes. Con la finalidad de verificar si el humor influye en la retención de información y en la evaluación de aspectos sociales.

En el estudio, se seleccionó un total de 93 individuos, 51 mujeres y 42 hombres con una edad media de 23 años, y se les asignó aleatoriamente a una de las condiciones del estado de ánimo. A cada uno de los tres grupos se les presentó un video corto con el fin de estimular su nivel de interés.

Después de la proyección del cortometraje, se les solicitó que indicaran su nivel emocional en una escala dc 1 a 7, en donde 1 representa un estado de ánimo indudablemente triste, 7 denota una profunda sensación de felicidad y el número 4 equivale a una posición neutral. Posteriormente, llevaron a cabo una actividad de identificación de estados emocionales, la cual consistió en la exposición a 60 estímulos compuestos por diversas muestras de expresión facial de diversas emociones, simultáneamente con la audición de una pieza musical coherente con las imágenes presentadas.

Teniendo en cuenta que está documentado que las mujeres superan a los hombres en el reconocimiento correcto de las emociones, se utilizó el sexo como factor de control.

Las investigadoras identificaron una tendencia hacia la percepción negativa en los participantes que presentaban un estado de ánimo decaído, mientras que los participantes con estado de ánimo alegre tendían a percibir de manera positiva los estímulos objeto de estudio. De manera precisa, se ha logrado evidenciar que en los sujetos que presentaron un ánimo positivo (en contraposición al neutro), se apreció una reducción en la capacidad para reconocer las emociones de tristeza plasmadas en la expresión facial.

En contraposición, los participantes que experimentaban estados de ánimo melancólicos presentaron una mayor dificultad para identificar las emociones positivas. En consecuencia, los autores notaron que cuando el estado emocional de un individuo es incongruente con el estado emocional de otra persona, existe una mayor dificultad para percibir e identificar con precisión la emoción de esa persona.

La expresión "el mundo les parece más hermoso", utilizada anteriormente, se refiere al estado de estar enamorado. Es ampliamente conocido que el estado de enamoramiento y la subsiguiente sensación de felicidad tienden a influir positivamente en la percepción del mundo, del mismo modo que la toma de conciencia en torno a la relevancia de realizar un esfuerzo deliberado para adoptar un enfoque más positivo puede generar el mismo resultado.

Actualmente, contamos con conocimiento científico que respalda dicha creencia. Cuando adoptamos una actitud más optimista y jubilosa, no solamente tenemos mayor facilidad para detectar muestras de júbilo, sino que nuestra propia sensación de felicidad obstaculiza la percepción de la melancolía en aquellos que nos rodean, con lo cual se crea una imagen más grata del mundo desde nuestra perspectiva. ¿Resulta conveniente adoptar una actitud más optimista? ¡Claro que sí!

La Voz: Su Control Y Maestría

El componente vocal asume el liderazgo sobre los demás elementos en la emisión radiofónica. Dirige y conduce los programas radiales mientras proporcionas dirección y orientación en el discurso transmitido. Las tendencias actuales dictan que el estilo imperante (y más aconsejable) en la radiodifusión es buscar cierta naturalidad en el discurso, ya que crea una impresión de intimidad entre el comunicador y sus oyentes. Cuanto más sincero sea el comunicador, mayor simpatía y confianza inspirará en sus oyentes, ya que estos anhelan un confidente que les revele la verdad de su entorno, que les proporcione un momento de distracción y les haga sonreír. Una entonación auténtica y sin artificios resulta más efectiva que una modulación artificial.

La cadencia de la voz.

De la misma forma que la música, la voz es un instrumento cuya entonación debe seguir un ritmo preciso al emitir las palabras. Generalmente, se define el ritmo como la constancia en la velocidad utilizada para hablar. La cadencia o pulsación se genera a través de la relación de los acentos y las pausas, y está directamente vinculada con la velocidad del discurso. Los contrastes en el ritmo vocal poseen una significativa relevancia al momento de otorgar expresividad y sentido al lenguaje oral, además de mantener cautivo al receptor auditivo.

Individuos con un temperamento excitable suelen hablar a un ritmo acelerado, mientras aquellos que son serenos tienden a expresarse con más lentitud. Un individuo entusiasta, pero reflexivo simultáneamente, puede ajustar su habla y variar el ritmo para indicar el grado de convicción o profundidad de sentimiento que desea expresar. El ritmo se refiere al período de tiempo que se destina a la emisión de los sonidos en el habla; es decir, indica la velocidad con la que se desarrolla el discurso. La habilidad para incorporar agilidad y variedad en la emisión sonora, con el propósito de provocar el interés y el disfrute del receptor, es fundamental.

Adaptabilidad en el tempo

Son los matices significativos y emocionales de los que depende una pronunciación exacta y agradable, donde tiene que ver necesariamente la velocidad. Los que hablan demasiado rápido pueden causar fatiga o agotamiento al oyente, mientras que los que hablan demasiado lento también pueden hacerlo. Por lo tanto, el ritmo del orador debe ajustarse de acuerdo con el tipo de mensaje que pretende transmitir.

En términos generales, la velocidad constituye un impedimento para alcanzar una buena articulación. El ritmo, por lo tanto, debe ajustarse de acuerdo con el tema, el estilo del programa, la audiencia y la importancia de las ideas a destacar. La pausa, que sirve para puntuar los pensamientos, junto con la coma, el punto y coma y el punto, se usa para separar las palabras escritas en grupos de pensamientos e ideas. Las pausas fonéticamente variadas nos ayudan a separar las palabras habladas en unidades que tienen un significado colectivo.

La modulación del sonido dentro de la cabina de grabación está dictada por la expresión emocional deseada. Al emplear un tempo moderado, se exterioriza serenidad, sosiego y armonía, aspectos idóneos para ofrecer una narración que aluda al ámbito amoroso, educativo y géneros informativos como la opinión. En contraposición, la adopción de un ritmo rápido evoca sentimientos de algarabía, entretenimiento y premura; una estrategia idónea para su aplicación en revistas, programas musicales y otras producciones afines. En determinadas instancias, como en la presentación de información noticiosa, una cadencia veloz permite ahorrar tiempo al programa y, al mismo tiempo, no transmite ningún tipo de emocionalidad.

En algunos casos, la modulación del ritmo de la locución puede ser empleada para alargar o reducir la extensión de una transmisión. El orador debe regir su ritmo no por el tiempo, sino por el esfuerzo de transmitir emociones a su audiencia. En otras palabras, el estado emocional que se involucra en la audiencia meta está estrechamente vinculado con los temas o contenidos que se presentan en el programa.

En la radiodifusión, es posible imprimir un ritmo determinado mediante el uso de música como fondo o la regulación de la velocidad de la conversación. Si un orador no puede manejar el tempo de la música de fondo en su discurso, es recomendable que hable sin música de fondo y marque su propio ritmo. El ritmo de la locución está determinado por el contenido de las palabras pronunciadas o leídas, sin la presencia de música de fondo.

Es imperativo que el locutor de radio posea una comprensión profunda del tema que aborda o sobre el que lee, para poder comunicarse de manera efectiva y generar espontáneamente un ritmo de habla apropiado para su audiencia. En contraposición, el uso de muletillas denota una carencia de conocimiento en relación al tema expuesto. Si el tema que se debe explicar resulta ser demasiado complejo para la audiencia, es recomendable utilizar pausas que permitan conectar las ideas, en lugar de llenar el espacio en la locución con palabras de relleno, tales como "este", "eh", "mmh", entre otras.

Ellocutor de radio es responsable de emplear una velocidad apropiada que facilite la comprensión de lo que pronuncia o lee, tanto en ausencia como en presencia de música de fondo. De este modo, puede armonizar su tema con el ritmo adecuado sin interferir en el mensaje transmitido.

La articulación

Las cuerdas vocales, en solitario, carecen de la capacidad de producir sonidos, por lo que requieren de la intervención de cavidades resonantes, al igual que los instrumentos de cuerda necesitan de una caja de resonancia para emitir su sonido. El sonido debilitado que se origina en la laringe a través de la vibración de las cuerdas vocales circula a través de cámaras de aire situadas en la garganta y la cabeza, las cuales funcionan como resonadores. Dichas cavidades de resonancia se componen de la parte superior de la laringe, la faringe o garganta, la boca y las fosas nasales. Estos dispositivos amplificadores de sonido y modificadores de timbre conocidos como resonadores, tienen la capacidad de intensificar la proyección del sonido y alterar su calidad tímbrica, otorgándole cualidades armónicas o disonantes.

La comunicación verbal implica mucho más que la simple producción de sonidos y el movimiento muscular de la lengua. Cuando nos comunicamos verbalmente o a través de la música, nuestro cuerpo actúa como un componente integral y esencial de la expresión. Nuestro habla constituye el resultado último de un procedimiento en el cual se tiene en cuenta desde la postura corporal hasta la inclinación de la cabeza. En la ejecución precisa de la vocalización, todo nuestro cuerpo resuena con la vibración de las cuerdas vocales, proyectando así nuestra individualidad. Sin embargo, el mecanismo de fonación se distingue de manera particular por su composición de los siguientes elementos:

El sistema respiratorio.

El diafragma.

Las cuerdas vocales.

La garganta.

El idioma en cuestión.

Los maxilares superior e inferior.

⍰ La estructura dental.

"Los labios." (Ambos ya están en tono formal)

Claridad en la expresión

Se trata de la claridad y la precisión que se alcanzan mediante el movimiento deliberado del hueso mandibular inferior, la lengua y los labios. Únicamente a través de la hábil y vigorosa utilización de los músculos responsables del movimiento de dichos miembros, lograremos alcanzar una pronunciación clara y precisa. Se necesita dejar el tiempo suficiente para que cada sonido pueda ser percibido con claridad en lugar de "amontonar" los sonidos que se sobreponen.

Para mejorar el ritmo del habla, es aconsejable comenzar con un ritmo más lento al principio y aumentar gradualmente el ritmo a medida que la mandíbula, la lengua y los labios alcanzan una mayor flexibilidad y precisión.

Percepciones o atributos sonoros

La magnitud del sonido o su amplitud se corresponde con la fuerza con la que se emite el aire contenido en los pulmones. El acto de hacerlo posible se halla en la decisión del cerebro de ejecutar tal impulso neuromotriz, transmitido mediante el nervio recurrente, el cual afecta el diafragma y las cuerdas vocales.

La intensidad se refiere al nivel de sonoridad empleado al hablar y puede variar en función del contexto en el que se desenvuelve cada individuo. Cuanto más elevada y vigorosa es una voz, más alcance posee debido a la frecuencia de las oscilaciones vibracionales. Es posible, de esa manera, ajustar la intensidad o el volumen de la voz con pequeñas variaciones distintivas.

Si deseamos transmitir una sensación de alegría, debemos elevar la intensidad de nuestra voz; sin embargo, si hablamos en voz baja, indicaremos inseguridad o miedo.

La variación en la intensidad de la vocalización tiene un impacto sustancial en el mantenimiento del compromiso auditivo del receptor y en la capacidad del emisor para ajustar su modulación a la naturaleza del discurso. Todo discurso pronunciado ha de transmitir una carga emocional que le habilite para conmover a los receptores del mensaje radiofónico mediante la narración de los acontecimientos expuestos.

Indudablemente, la magnitud de la intensidad tiene un impacto significativo en el estado emocional del individuo, así como en el entorno social que prevalece en ese instante. Las fluctuaciones en la intensidad resultan altamente apropiadas para expresar las actitudes emocionales, así como para representar los aspectos relativos y las variables inherentes en la personalidad o el carácter de una persona.

El tono

El tono de la voz es susceptible a fluctuaciones que se corresponden con el número de vibraciones generadas por las cuerdas vocales, un aspecto que está estrechamente influido por múltiples factores, tales como el diámetro de dichas cuerdas, su longitud y material, así como su grado de tensión. En términos generales, se puede afirmar que una longitud mayor de las cuerdas vocales da lugar a una frecuencia más elevada, mientras que una longitud menor favorece la aparición de tonos más graves.

El tono o entonación, al igual que la intensidad, está sujeto a variación, es decir, puede subir, bajar o permanecer igual. El resultado final estará sujeto al estilo programático adoptado por cada emisora de radio.

La modulación ascendente del tono vocal insinúa una actitud interrogativa, de vacilación, inseguridad, escéptica o suspensión; mientras que la modulación descendente sugiere una actitud de firmeza, determinación, certeza, decisión y confianza; es posible que en ciertas ocasiones se manifiesten variaciones rápidas entre ambos tipos de modulación, tal como suele ocurrir en las conversaciones habituales. En el transcurso cotidiano de nuestras vidas, frecuentemente expresamos que el modo en que alguien se dirigió a nosotros resultó inapropiado. De ahí que el tono constituya la manera distintiva de expresarse, en la que se reflejan la expresividad del lenguaje y los sentimientos íntimos del emisor; funciona como una regulación entre el sentimiento y la expresión, cerrando la brecha entre lo que sentimos y lo que articulamos.

Diversas modulaciones en la pronunciación y el discurso oral, junto con variaciones en la cadencia y la intensidad del timbre vocal, contribuyen a la melodiosa y atractiva cualidad de la entonación en el lenguaje hablado. La entonación adecuada es de suma importancia, ya que su uso racional es esencial para una interpretación efectiva. En ausencia de una interpretación satisfactoria, la lectura carece de valor y, por lo tanto, la locución se considera incorrecta, impidiendo que el mensaje se transmita satisfactoriamente al receptor.

El timbre

Se encuentra integrado tanto por el tono primordial como por la amalgama de sonidos armoniosos, y su correlación es directa con las circunstancias particulares de cada ser humano. La mayoría de los individuos son identificables mediante su voz.

El sonido individualizado producido por cada persona se distingue entre sí por las características únicas de sus cuerdas vocales, aparato resonante, constitución anatómica y estado emocional en cada momento. Se trata de un aspecto invariable debido a que representa la identidad auditiva de cada ser humano. En otras palabras, constituye la carta de presentación oral de cada individuo y, en consecuencia, su medio de identificación sonora.

Esta descripción se refiere a la voz individual, que es un rasgo distintivo y característico de cada individuo, y que puede ser utilizada para identificar a una persona sin la necesidad de una observación directa. Cuando se percibe un sonido, se adquiere instantáneamente el conocimiento referente a su origen o emisor. La campana es la identificación distintiva de cada sonido que es inherentemente poseído por individuos o entidades tangibles. En otras palabras, es posible discernir la identidad única de una persona a través del timbre de su voz, al igual que es factible distinguir el timbre característico de un violín en comparación con el de una trompeta. Cada individuo dentro de su contexto físico da lugar a sonidos únicos.

El timbre vocal permite la percepción de la voz de cada sujeto de manera acogedora, dulce, seria, natural, directa, suave, resonante, brillante, clara, inteligible, limpia, delicada y con una gran presencia personal.

Melodía

Se refiere a los elementos armónicos inherentes a la voz de cualquier individuo, es decir, la proyección vocal melódica innata que se expresa de manera natural durante la comunicación verbal. La sonoridad expresada en el dialecto no debería ser confundida con la particularidad sonora que distingue a cada individuo.

Mediante esta musicalidad, somos percibidos por los oyentes de forma placentera o no, lo cual conlleva a la formación de la opinión del receptor al destacar si nuestra dicción es agradable o si, por el contrario, nuestra tonalidad resulta molesta o perturbadora para el oído.

La melodía no puede permanecer lineal, ya que su variabilidad depende del aparato fonatorio de cada emisor individual. No obstante, sigue siendo primordial que la musicalidad de la composición se perciba como un todo cohesivo; esto puede implicar la inclusión de cambios de cuerdas o alteraciones en el tempo del ritmo. La complejidad de la melodía radica en la necesidad de transmitir, mediante las palabras, conceptos que podrían explicarse de forma más sencilla y comprensible. En este sentido, la melodía es equiparable a la oración en la comunicación verbal.

La melodía no articula palabras; más bien, impregna a cada uno de una musicalidad que refleja plenamente la personalidad de cada individuo. La melodía delinea la sonoridad musical de cada hablante y debe evocar sensaciones de credibilidad, seguridad, compostura y veracidad.

Dinámica

Este aspecto abarca la paralingüística de la voz humana, que comprende la intensidad, la tonalidad y el timbre, así como su ritmo y melodía. Las dinámicas representan un efecto externo de sí mismas que debería ser fácilmente perceptible para los demás. En consecuencia, el funcionamiento integrado de la mente y el cuerpo tiene un impacto interno en ella. La conducta y el pensamiento representan atributos inherentes a cada orador u oradora, los cuales deben ser proyectados hábilmente a través del tono y la modulación de su voz.

La dicción

La integración eficaz y adecuada de todos los elementos previamente analizados, a saber, la respiración, la articulación y las impresiones sonoras, da como resultado una dicción favorable, componente esencial e indispensable para dirigirse a una audiencia, especialmente cuando se utiliza un micrófono. Es imperativo reconocer que el micrófono no es simplemente un reproductor de sonido, sino un amplificador, similar a una lupa. Por lo tanto, las implicaciones de un habla pobremente articulada en la conversación cotidiana palidecen en comparación con las consecuencias potenciales de tales errores lingüísticos al utilizar este invento fundamental, que a pesar de su tamaño diminuto, no deja lugar para errores fonéticos.

Es imperativo que los profesionales de la radiodifusión sean sumamente cautos al articular cada término de su discurso. Es esencial que se evite la emisión de vocablos incompletos. Es por ello altamente recomendable que cualquier persona interesada en hablar en público, se dedique a ejercitar su dicción diariamente hasta alcanzar una pronunciación precisa en cada letra, logrando una clara emisión sonora. La modulación vocal y la vocalización requieren especial cuidado, asegurándose de mantener la boca bien abierta al hablar y evitando la caída de la voz al finalizar una frase.

La relevancia de la respiración en la producción vocal.

Indiscutiblemente, la calidad de la voz depende en gran medida de la capacidad del hablante para respirar adecuadamente. Tal competencia no solo ayuda a suprimir o mitigar el nerviosismo, sino que también permite al hablante regular su voz, mejorar su intensidad, expresión e inflexión, y modular efectivamente el ritmo y las pausas discutidas anteriormente como elementos integrales de una comunicación oral efectiva.

Una voz bien modulada, además de presentar una imagen favorable del hablante, en este caso particular, facilita la entrega de palabras de una manera más atractiva y significativa.

Es imperativo que el locutor posea la habilidad de emplear técnicas de respiración diafragmática. El mencionado proceso implica una inspiración profunda con expansión del diafragma y una espiración gradual acompañada de una contracción del mismo músculo. El presente músculo abdominal tiene la función de operar cual fuelle que impulsa y succiona el aire.

Es necesario remarcar que la voz posee un potencial de impacto significativamente mayor que la palabra escrita. La vitalidad de la radio radica en las cualidades fundamentales de la voz humana y la diversidad de esas voces empleadas para la difusión de sus programas.

Dominio del comando vocal

Es imprescindible que todo comunicador a cargo de una transmisión radial tenga el completo dominio y control de su voz. Con el propósito de lograrlo, es fundamental conseguir una adecuada respiración, ya que gran parte de las dificultades que surgen al momento de realizar una exposición pública se derivan de una respiración inapropiada o insuficiente.

La causa inmediata de la respiración defectuosa es orgánica y se manifiesta en tensiones musculares derivadas de factores psicológicos. Por lo tanto, cuando hablamos continuamente durante un cierto tiempo, tendemos a cansarnos fácilmente, experimentar opresión en el pecho o quedar roncos. Incluso los individuos experimentados y capacitados en el arte de la oratoria pueden verse afectados por este inconveniente, si no se adhieren a los preceptos que se mencionan a continuación:

Que haya una cantidad suficiente de aire disponible. Si se presenta tensión en las fosas nasales y en la garganta, y se produce un estrechamiento en estas áreas, puede surgir una dificultad en la respiración, lo que podría llevar a una reducción en el flujo de aire.

Es fundamental contar con una base robusta. En caso de que la expansión del vientre y la espalda no haya sido adecuada, se producirá una falta de estabilidad en esta estructura.

Que la columna de aire se mantenga constante. Es primordial mantener el control del flujo de aire que se emite durante la pronunciación de las palabras, con el fin de evitar la pérdida repentina de la misma y permitir una adecuada expansión de las fosas nasales.

Permita que surja sin obstáculos a través de las fosas nasales. Es necesario que haya una ligera vibración al hablar, que las palabras se enuncien con una calidad de "soplado", que los pómulos estén elevados y las comisuras de los labios relajadas.

Reducir las tensiones presentes en el pecho, hombros y omoplatos puede mejorar la capacidad torácica, dado que dichas tensiones suelen contribuir a su acortamiento.

Al hablar acerca de una adecuada respiración, se suele aludir principalmente a la diafragmática, pues es considerada la más integral debido a su capacidad de aprovechar en su totalidad la capacidad pulmonar del ser humano. Durante la respiración, se emplea el diafragma, un músculo amplio que delimita el espacio torácico y abdominal, y que promueve la contracción de los músculos abdominales. Si pretendemos alcanzar el dominio completo de nuestra voz, debemos tener en cuenta los siguientes puntos:

Debemos adoptar un cierto grado de actuación: es necesario abstenerse de gesticular, sonreír o fruncir el ceño para acentuar algo o darle un significado especial. Más bien, debemos proyectar nuestras voces con un aire de naturalidad, aunque más de lo que normalmente se hace en la vida cotidiana.

- Demostrar y mantener nuestro interés: la entonación reflejará nuestro estado emocional y la respuesta que nos genera la información que estamos comunicando; en caso de considerarla tediosa o de no tener interés alguno,... Si hacemos un intento consciente por apreciar el atractivo del programa, el resultado será un impulso revitalizante en nuestra expresión vocal.

Debemos asegurarnos de que el tema se maneje con sumo cuidado, se aborde con precisión y se transmita con elocuencia para crear una conexión con el oyente. La familiaridad y la calidez de la voz aumentarán en proporción directa a la relevancia y la familiaridad del tema tratado. Además, garantizaremos la seguridad mejorada de la transmisión de información y enfatizaremos de manera efectiva nuestro tono empatizando con el oyente.

Preservar la integridad vocal: resulta de capital importancia que la voz se exprese de manera diáfana y pulcra, exenta de cualquier tipo de interferencia acústica.

Es importante considerar que el acto de aclarar la garganta bruscamente, gritar o fumar en exceso puede resultar en un daño potencial a la misma.

Para lograr un impacto poderoso en el manejo eficiente del aire y, en consecuencia, en la proyección de la propia voz en cualquier expresión vocal, el cultivo o educación de dicha voz es imprescindible para el éxito. Es importante destacar que mediante la aplicación constante de disciplina personal, se puede alcanzar el éxito deseado. En consecuencia, aquellos individuos que se dedican a la locución, a pesar de poseer habilidades vocales innatas, carecerán de la capacidad de desplegar una proyección efectiva si no se comprometen con una rigurosa disciplina en sus rutinas de ejercicios para potenciar su emisión vocal.

Modalidades o métodos de exposición narrativa

A continuación, se procederá con la exposición de distintas categorías y modalidades de narrativa, así como con la descripción de las estrategias empleadas por los profesionales de la comunicación radiofónica al abordarlas.

Muestre A Su Pareja Su Aprecio

Con el transcurso del tiempo, es común que muchos de nosotros adquiramos la costumbre de subestimar la importancia de nuestras relaciones de pareja. Les expresamos nuestro amor y reconocemos su gran contribución hacia nosotros. No obstante, incurrimos en el descuido de omitir expresiones de gratitud y reconocimiento hacia ellos por cuanto nos obsequian. Si usted reflexiona al respecto, es posible que experimente una situación similar. Por esta razón, he asignado esta sección para explorar más a fondo los medios para expresar gratitud hacia nuestros seres queridos.

Muchos de ustedes pueden optar por evitar esto, al expresar su aversión hacia las demostraciones evidentes o públicas de afecto. Es posible que estimes que tu compañero/a es consciente de tu aprecio hacia él/ella, y por ende, consideres innecesario demostrarlo con regularidad. Sin embargo, es en este punto donde se presenta una inexactitud en tus afirmaciones. ¿Cuándo realizas una acción beneficiosa para tu pareja, prefieres recibir muestras explícitas de gratitud por parte de ellos, o te basta con la certeza de que esta acción es apreciada en su fuero interno? Cada uno de nosotros requiere de una demostración de cariño y reconocimiento, por más pequeña que sea. Es gratificante y fomenta la felicidad el percibir el compromiso adicional que emprende nuestra pareja. Al reflexionar sobre tu comportamiento con tu pareja, procura considerar: ¿qué tipo de conducta esperarías en una relación de pareja saludable? Y usted, ¿lo está realizando? Esta es una norma de conducta universalmente aplicable: "Procure tratar a los demás con el mismo respeto y consideración que le gustaría recibir". Siendo que tiene el deseo de recibir mayor aprecio, ¿por qué no consideraría extender dicho comportamiento hacia su pareja?

Los actos románticos de gran envergadura son los más frecuentemente utilizados. Aunque se agradecen las ofertas, estas no ostentan una importancia significativa. Los actos pequeños pero consistentes pueden adquirir una relevancia trascendental en el futuro si se mantiene el compromiso con ellos. Si te comprometes a demostrar tu amor a tu pareja a diario, poco a poco se irá acumulando. El envío de un gran ramo solamente una vez al año no resulta adecuado. La práctica constante de pequeños gestos fortalecerá aún más su relación, ya que reflejan su afecto y compromiso inquebrantable hacia su pareja.

En diversas investigaciones, las parejas han expresado su descontento frente a la percepción de que sus respectivas parejas no les brindan la debida valoración. Las personas suelen experimentar que invierten considerables esfuerzos en satisfacer las necesidades de su pareja, sin embargo, no perciben señales de gratitud o reconocimiento por parte de esta última. Esta situación puede resultar desalentadora y desmoralizante para la pareja, dejándolos con una sensación de insatisfacción. Demonstrar un grado de aprecio puede demostrarse sumamente beneficioso. Al mostrar un sentido genuino de gratitud hacia tu pareja, experimentarás una mejoría significativa en la felicidad compartida y una renovación del sentimiento de amor que los une.

Como seres humanos, siempre anhelamos el reconocimiento positivo.

Además, reconocer a alguien es la manera ideal para hacerlo. El problema surge cuando poco a poco nos acostumbramos a subestimarnos y a dejar de valorarnos. Esto conlleva a diversos conflictos tales como enfrentamientos, descontento y menosprecio. De pronto, comenzamos a reflexionar si sería justo y conveniente finalizar la relación.

Consideremos el siguiente ejemplo de la vida diaria: supongamos que su cónyuge acostumbra a llevar a sus hijos a la escuela. Por alguna razón, nunca consideraste expresar tu aprecio y gratitud hacia esa persona en cuanto a su valor. Supongamos un supuesto en el cual esa persona, en algún momento, opta por cesar en dicha actividad. Debería considerar ajustar su horario, posiblemente iniciando su día más temprano o prescindiendo de sus programas matutinos favoritos, para asegurarse de tener el tiempo necesario para prepararse y asistir al trabajo diariamente. Lo que a primera vista parecía insignificante, adquiere de repente un gran valor cuando ya no se encuentra disponible.

Al presentar la propuesta de fomentar la expresión de gratitud y valoración mutua entre las parejas, he notado en varias ocasiones la respuesta desfavorable de individuos que, en ocasiones, han manifestado su desaprobación mediante gestos o expresiones irónicas. En última instancia, ¿cuál es la justificación para expresar gratitud hacia alguien por lo que es su deber realizar, al igual que todos los demás? Desde mi perspectiva, esto representa un problema de consideración. Además, existe un factor crucial que las mujeres en particular deben afrontar y experimentar. Se trata de una manifestación de la creencia de que las acciones (o supuestas acciones) propias tienen una importancia superior a los pormenores que pueden pasarse por alto a menudo por parte de la pareja. Este constituye la ubicación propensa a perturbar el equilibrio en una relación.

El agradecimiento es clave en cualquier relación. Al conceder reconocimiento a una persona, se manifiesta valor por sus acciones y se infunde en ella la sensación de que su influencia produce un efecto positivo en la vida de los demás. Concede a los individuos una perspectiva más positiva de sí mismos, lo que les faculta para perseguir sus esfuerzos con renovada energía y consolidar su relación mutua.

De este modo, ¿cómo determinar cuándo tu compañero o compañera experimenta una sensación de insuficiente valoración?

A continuación, se presentan ciertos indicios que indicarían la posible subestimación de los conflictos en su relación y la posibilidad de que su pareja experimente desvalorización:

Se enfrascan en disputas por cuestiones de menor relevancia aparente.

En este último tiempo, se ha podido observar que han estado demostrando un comportamiento altamente impulsivo e influenciado por sus emociones.

No parecen disfrutar conversando contigo tanto como antes.

Ya no desean recibir tu opinión.

● No sienten inclinación por actividades que previamente les resultaban placenteras.

Ya no se esfuerzan por complacerte.

● Están distantes.

Se comportan como si estuvieran involucrados en una relación extramatrimonial.

Es necesario examinar el asunto desde dos perspectivas distintas: el factor temporal y el interés primordial. La expresión de gratitud que depende de las circunstancias puede ser un asunto problemático. Con el transcurso del tiempo, es posible que experimentes un aumento en el nivel de irritación respecto a la conducta de tu pareja o, alternativamente, que desarrolles aún mayor grado de tolerancia hacia ella.

La aceptación surge de la comprensión de que las cosas no sufrirán transformación incluso con el paso del tiempo. De este modo, adquieres mayor nivel de tolerancia. Cuando adquieras mayor grado de tolerancia, comprenderás la facilidad de reconocer las acciones de tu pareja. En caso de que experimente un cambio en su perspectiva, podría notar que inclusive aquellos hábitos previamente considerados molestos podrían demostrar tener algún valor.

Existen diversas formas simplificadas y accesibles para demostrar cordialidad y consideración hacia la pareja.

Dedícales una sonrisa. Nada resulta tan elemental y a la vez tan poderoso como brindar una sonrisa cargada de afecto a otra persona. Tal y como mencioné anteriormente, la conversación oral solo constituye parte del proceso, por lo que una expresión de gratitud simplista puede no ser siempre adecuada. Por favor, disponga de un momento para contemplar a su cónyuge directamente a los ojos y ofrecerle una sonrisa autentica desde su interior. La exhibición de esa sonrisa les manifestará su gratitud hacia sus acciones y la presencia constante en su vida. Una sonrisa tiene la capacidad de comunicar una gran cantidad de información sin necesidad de expresarse verbalmente.

Comienza a prestar atención. Dirige tu mirada hacia los orbes de ella y dirige tus pasos hacia tu compañero o compañera cuando estés siendo hablado(a). Exhiba su interés en lo que expresa el hablante mediante acciones congruentes con la escucha activa. Podría usted indagar acerca del transcurso de su día, por favor. "En caso de que haya expresado alguna preferencia alimentaria, por favor, tenga en cuenta dicha información y prepárese para elaborarla al día siguiente". Causa una impresión positiva en ella demostrando tu capacidad de atender a los detalles más sutiles. Demuéstrale tu afecto y consideración hacia ella, tal como ella suele demostrar contigo. Lo apreciará.

Préciéndale que usted es merecedor de su confianza. En una relación, resulta esencial que la persona con la que se comparte pueda confiar en la otra parte. Ambos individuos deben ser responsables de sus acciones y garantizar la seguridad mutua. Es imperativo que puedan confiar plenamente en el cumplimiento de las promesas y palabras de su pareja. Evita transgredir la confianza de tu compañero sentimental y procura comunicarle de manera clara que puede contar contigo en todo momento. No llegues tarde. Te recuerdo que no omitas la tarea que te fue encomendada. Si deseas recibir apoyo, es importante que consideres ofrecer algo a cambio a tus potenciales colaboradores.

Gestos físicos de afecto. El contacto físico posee un gran poder emocional. El acto de tomar las manos del otro, abrazar y dar un beso en la mejilla posee un notable potencial de alterar significativamente la situación presente. No debes reprimir tu afecto, sino ser libre al expresarlo, ya que tu pareja merece que le demuestres tu cariño. Aumenta la intensidad del afecto amoroso y romántico en tu relación. Brinde su respaldo mediante la sujeción de sus manos. Ofrezca un abrazo prolongado siempre que tenga la oportunidad.

Se agradecido. El acto de adquirir la habilidad lingüística para expresar gratitud mediante la palabra "gracias" es, con toda verosimilitud, una de las primeras destrezas que se aprenden en la infancia. Este fenómeno ha surgido debido a la conciencia generalizada acerca de la relevancia de demostrar gratitud hacia aquellos que realizan actos en beneficio propio. Hacer un esfuerzo mínimo para expresar gratitud diciendo "gracias" puede presentar innumerables oportunidades a lo largo del día. No omita la expresión de reconocimiento hacia su cónyuge, aun cuando ellos actúen de forma habitual a su favor. Sin embargo, conviene expresar una muestra de gratitud diaria para con ellos y demostrarles verdaderamente que se valora y reconoce su ardua labor. Por favor, expresa tu gratitud cuando se te ofrezca una taza de café y muestra tu agradecimiento al responder a las preguntas sobre el transcurso de tu día. ¿Cuántas personas se preocupan por ti en la misma medida que tu pareja?

Es imperativo reconocer y valorar la utilidad de los demás, expresándoles el debido agradecimiento por sus acciones. No obstante, meramente expresar gratitud de manera continua no resulta suficiente; una acción concreta en favor de ellos debe ser emprendida por su parte. En caso de que disponga de tiempo, podría considerar realizar una tarea por ellos, como por ejemplo adquirir alimentos o preparar la cena. Brinda tu colaboración para concluir exitosamente sus tareas laborales. Realice acciones con el fin de brindar asistencia y demostrar su reconocimiento hacia el arduo trabajo que realizan.

Haz pequeños sacrificios. Si bien uno puede no tener una preferencia por los guisantes, si tu pareja llega a comprender tal preferencia y aun así decides cocinar este platillo por el mero hecho de satisfacer su gusto, esto reflejaría un pequeño acto de compromiso que evidencia tu consideración por sus deseos y necesidades. El objetivo de hacer estos pequeños sacrificios es indicarle a tu pareja que la tienes en alta estima, lo suficiente como para priorizar sus necesidades y deseos sobre los tuyos, de vez en cuando. En una sociedad en la que la ambición personal es cada vez más prevalente, el acto de desinterés que se ha llevado a cabo es una ilustración extrema de gratitud, compasión y afecto.

Tengo la seguridad de que su media naranja también se sentiría profundamente agradecida ante un presente inesperado o un atento detalle. De todas maneras, en términos generales, una de las características primordiales de una relación respetable es la capacidad de demostrar gratitud por medio de pequeños gestos cotidianos aparentemente insignificantes.

La Interacción Social A Través De La Distancia Y Los Efectos Espaciales

Esta dimensión del espacio abarca la distancia entre los comunicadores, el ángulo respectivo en el que están posicionados, la distribución recíproca del espacio disponible, así como la disposición de los objetos presentes dentro de ese espacio, como el mobiliario. De acuerdo con la perspectiva del autor Hall, E. t Existen tres niveles de análisis para estos fenómenos espaciales.

Espacio de arreglo permanente" o "Espacio de configuración constante El examen de las condiciones espaciales inmutables del entorno, como la distribución arquitectónica del espacio. "Constituye el medio para satisfacer las necesidades materiales, tales como la ingesta de alimentos y bebidas".

Un espacio organizativo que es parcialmente fijo, pero que conserva cierto grado de flexibilidad (espacio organizativo semiflexible). La configuración de los elementos móviles presentes en la región espacial en cuestión. El mencionado factor también es determinado por la congregación de personas, como podría ser el caso de una sala de espera.

Espacio informal (informal space). La separación física que se encuentra entre los individuos que se están comunicando. "Este espacio personal se divide en cuatro grados". (informal) "El espacio personal antes mencionado se segmenta en cuatro grados distintos". (formal)

- La distancia máxima permitida para la intimidad es de 0,50 metros.

- "En la categoría de 'Familiar', la distancia señalada es de 0,50 a 1,50 metros".

El área social-consultiva mide de 1.0 a 3.50 metros.

Publicar a una distancia mínima de 3,50 metros y un máximo que garantice la correcta audición de la voz.

Este ámbito no formal involucra las separaciones que se dan de forma inconsciente entre los individuos. "La distancia íntima" se refiere a la percepción del calor, el aroma y la respiración del cuerpo del interlocutor, y engloba tanto la distancia en situaciones sexuales como en combates. La expresión "distancia personal" denota la separación preestablecida entre individuos que no mantienen contacto alguno, siendo ésta una suerte de barrera psicológica que el cuerpo genera de manera involuntaria para establecer una cierta forma de aislamiento social. El concepto de "distancia social" en su sentido propio delinea el límite de nuestra influencia sobre los demás. Finalmente, se establece que la 'distancia pública' se circunscribe fuera del entorno inmediato del individuo, afectando principalmente a actores y políticos, entre otros.

Todo lo mencionado previamente conforma el nivel de desarrollo cultural de la dimensión proxémica. Es importante destacar que dicha dimensión experimenta variaciones en función de las diversas culturas. Las investigaciones emprendidas por Scherer, K. destacan por sus resultados más notables. r y Argyle, M. Cada individuo reclama un territorio con dimensiones definidas con precisión y se preocupa por mantener esos límites. No obstante, en el caso de que otro individuo infrinja esta norma social, el individuo afectado responderá negativamente, ya sea rechazándolo o buscando una compensación, como por ejemplo expulsarlo o aumentando la distancia entre ellos e incluso abandonando el área.

Los estudios llevados a cabo han evidenciado una correlación directa entre la distancia emocional entre los individuos. No obstante, la dimensión del territorio no se ve afectada por la personalidad. Con todo, el estrés tiene el efecto de propiciar una mayor separación entre los interlocutores que se hallan presentes en la comunicación correspondiente. Además, la disposición física de los interlocutores en relación entre sí constituye una forma de manifestar el nivel jerárquico y el estatus de los individuos involucrados en el acto comunicativo. Por ende, se observa que las personas dominantes suelen ocupar las posiciones centrales dentro de los grupos. Además, se puede notar que en presencia de individuos con un estatus superior, las distancias entre ellos y el resto del grupo suelen ser mayores en comparación con situaciones en las que no se presenta esta dinámica de estatus.

La apariencia externa.

La apariencia externa juega un papel fundamental en los procesos comunicativos. De hecho, Walster, E. desarrolla en gran medida este concepto. El estudio llevado a cabo por (22) demostró que la apariencia física de una persona es un criterio esencial que influye en la valoración positiva o negativa que una persona del sexo opuesto hace de ella. La presentación pública de esta noción se comunica principalmente mediante la indumentaria, la altura física, la apariencia facial, dermatológica, capilar y manual.

El fenotipo y la presencia corporal poseen una cualidad de comunicación. Dentro de la doctrina tipológica, la psicología establece una fuerte correlación entre la constitución física y ciertos rasgos caracterológicos de los individuos. La teoría más renombrada pertenece a Kretschmer, E. El estudio en cuestión identifica tres categorías esenciales de constitución fisiológica, a saber: el tipo pícnico (caracterizado por sujetos de estructura corporal amplia y redondeada), el tipo atlético (caracterizado por sujetos de estructura ósea y muscular prominente), y el tipo leptosómico (caracterizado por sujetos de estructura corporal alta y esbelta).

En el ámbito de la comunicación interpersonal, el peso de los prejuicios que se propagan en virtud del aspecto físico es sumamente significativo. En muchas ocasiones, el primer encuentro resulta crucial al momento de establecer la dinámica relacional. Tomando como ejemplo personas de contextura robusta, es común observar en ellas una disposición afable, enraizada en su percepción de tranquilidad, la cual les otorga una actitud positiva para emprender una comunicación efectiva. Como conclusión de este apartado, cabe señalar que la apariencia externa está determinada por rasgos biológicos inmutables como la constitución corporal, entre otros, que no pueden ser alterados sino por medio de la cirugía plástica. Además, está conformado por factores que están sujetos al control consciente del individuo, como la vestimenta y otras características. Argyle, m. Por favor, indique los siguientes factores que influyen en la apariencia externa, a saber, las normas y costumbres determinadas por la cultura, el contexto social del individuo en cuestión y el grado de motivación para atraer a otros, particularmente al género opuesto. Individuos exhiben mediante su apariencia una representación de su identidad, incluyendo su estatus social, estados emocionales y atributos de personalidad.

El canal táctil de comunicación.

Durante la etapa inicial de la vida, el contacto físico se presenta como el medio primordial mediante el cual el infante establece comunicación con su entorno. Solo a medida que se desarrolla, se suman las demás modalidades de comunicación, tales como la auditiva y visual.

La extensión del contacto físico entre los individuos que participan en una interacción está influenciada principalmente por la edad y la naturaleza de la relación entre los interlocutores. Jourard, S. METRO. En el transcurso de su investigación acerca del tema, se percató de que en la sociedad estadounidense se ha producido una sexualización excesiva del contacto físico, lo que ha llevado a considerarlo como un tema tabú.

Argyle, m. Se identifican cinco categorías diferentes de interacciones de calidad en la comunicación interpersonal.

La acción de golpear a otra persona puede ser considerada como una acción agresiva.

Toques suaves, caricias y agarres:

Como actitud paternal o diligente en general.

y

- como actuaciones sexuales.

Contactos sociales en el marco de ceremonias protocolarias de salutación o despedida. Un ejemplo ilustrativo sería el intercambio de saludos mediante el estrechamiento de manos y los abrazos como símbolos de cercanía y afecto.

El acto de agarrarse las manos como una demostración de solidaridad entre amigos. Es factible llevar a cabo empleando diversas intensidades de fuerza y en varios puntos de contacto. Al realizar varias funciones comunicativas, como expresar un deseo o sugerir un deseo de intimidad, uno puede calmar efectivamente a la otra persona.

Personas con contactos relevantes dispuestas a ejercer influencia en las decisiones y acciones de terceros. Por ejemplo, facilitar la movilidad de una persona guiándola a través de un apoyo de manos o brazos, o brindándole asistencia en la ejecución de movimientos desafiantes.

Los aspectos preeminentes del contacto físico incluyen la localización del cuerpo en contacto, la naturaleza del área que entra en contacto, la extensión temporal del contacto, su grado de energía y vigor, así como su carácter singular o repetido.

El canal de comunicación térmico, gustativo y olfativo.

Para Scherer, K. r Estos campos carecen de investigación empírica. La exploración de fenómenos como el calor, el gusto y el olor presenta un desafío debido a la necesidad de proximidad y comunicación con el individuo observado. Además, dada la sexualización de la proximidad física en nuestro contexto cultural, el estudio de estos canales sensoriales se ve obstaculizado por un tabú social que, en consecuencia, restringe la investigación efectiva. Sin más preámbulos, vivimos en una sociedad desodorizada donde el olor humano natural es reemplazado por colonias, desodorantes y perfumes. La pregunta que nos ocupa es: ¿Por qué enmascaramos nuestro olor? Quizás la respuesta esté en el hecho de que el aroma evoca la naturaleza "primordial" que existe dentro de todos nosotros, un aspecto animal que a menudo tratamos de suprimir para elevarnos a una categoría "superior" de ser: la de los humanos. Sin embargo, este ser humano a menudo se comporta de maneras que no conducen a una vida auténtica; es decir, ser uno mismo sin las restricciones de las normas o tabúes sociales y adherirse a una brújula moral natural.

Scherer, K. r piensa como Hall, E. t qué:

Los aromas asociados con la actividad sexual, el olor desagradable en los pies y el gas intestinal son, indudablemente, considerados como temas tabú en la sociedad en general, salvo en un restringido conjunto de circunstancias y relaciones. No se dispone de información suficiente para determinar en qué medida la cultura norteamericana ha restringido o desconectado la percepción olfatoria. Se requiere una mayor cantidad de datos comparativos para poder llegar a una conclusión precisa."

Hall, e. De sus investigaciones se infirió que algunas culturas aún conservan la capacidad de percibir aromas como medio de comunicación entre individuos. Por ejemplo, los individuos árabes rompen esa distancia comunicativa acercándose a su interlocutor y permaneciendo en la zona de 'exhalación olfativa'. Además, en la cultura india, incluso cuando residen en ciudades europeas, sus ciudadanos utilizan aromas que resultan inaceptables para nuestro sentido del olfato.

Con respecto al canal de comunicación térmica. salón, t MI. Se presume que dicha variable ejerce una influencia significativa en la transmisión de las oscilaciones emocionales y, asimismo, interviene activamente en la regulación de la distancia interpersonal. Es importante destacar que las personas con un grado de temperatura corporal detectable tienden a ampliar significativamente las distancias interpersonales, especialmente en situaciones donde no existe una relación previa establecida.

Para resumir este apartado, se debe enfatizar que estos canales están interrelacionados, formando una entidad completa que recibe insumos tanto de fuentes internas como externas, y que también transmite información sobre el individuo en cuestión. Por ende, sería un planteamiento erróneo considerar que una información específica es transmitida o recibida a través de un canal determinado, ya que todos los canales posibles, tanto externos como internos al individuo, son capaces de transmitir y recibir información relacionada con un determinado fenómeno.

Noción de expresión

Una vez que se ha presentado una panorámica general de los canales de comunicación no verbal en el hombre adulto, nos enfocaremos de manera sucinta en el concepto de 'expresión'. Barra, A. Por favor, redacte su opinión o comentario en relación al tema en cuestión.

"...la expresión corporal. En este contexto, se hará referencia en primer lugar a un conjunto de técnicas que emplean el cuerpo humano como forma de comunicación y que, sin tener en cuenta consideraciones estéticas o utilitarias, posibilitan la expresión de un contenido interno." (26)

Adicionalmente sostiene que el organismo exhibe respuestas inatas y respuestas adquiridas. No tenemos conocimiento de ello debido a que la palabra sigue revistiendo una gran relevancia. Utilizamos el lenguaje verbal para comunicarnos, ya que nos brinda una sensación de seguridad y tranquilidad al disminuir cualquier posible amenaza. De acuerdo a las palabras de Bara, A., la gran ventaja de la palabra radica en su capacidad de expresar solamente aquello que deseamos transmitir.

Otra razón que comparto con Bara, A. No comprendemos la utilización de la gestualización debido a que cualquier comportamiento que involucre una implicación física genera en nosotros una sensación de inseguridad y desconfianza.

Recordemos el ejemplo aludido por Bara, A.:

El cuerpo humano es intrínsecamente frágil, y la práctica convencional de darse la mano tiene su origen en asegurarse de que uno no lleve un arma en la mano".

De acuerdo con su planteamiento, en presencia de expresión se observa:

Un modelo arraigado internamente cuyo valor depende del momento prevaleciente y el entorno en cuestión.

La selección de un lenguaje adecuado (técnica lingüística) que logre manifestar el contenido intrínseco, moldearlo y hacerlo público, es decir, tornarlo perceptible a los demás.

Una entidad consciente de la importancia que el lenguaje posee en la forma en que se comunica, y que se enfrenta a los obstáculos que se interponen en su camino para lograr su objetivo.

Considere el siguiente caso ilustrativo: la mera emisión o contemplación del pensamiento "anhelo pintar un cuadro" conlleva:

Plantilla interior de un cuadro (que ilustra un motivo a pintar).

- Selección de la técnica a utilizar, como por ejemplo el óleo.

La organización de los materiales es imprescindible, en concreto la clasificación de los colores de forma sistemática.

Este ejemplo excluye la copia porque hacerlo haría que el motivo no fuera interno, sino externo.

Mediante estas concepciones, se puede observar cómo la expresión lingüística adquiere un papel relevante en la vida humana. Se trata de un idioma complementario que se incorpora o sustituye al verbo, al lenguaje coloquial. Incluso la expresión que destruye o niega la palabra puede tener un efecto perjudicial en la comunicación y el entendimiento.

Este es un medio de 'expresar', de susurrar o gritar algo que de otro modo nunca se habría dicho.

No existe un idioma de expresión que esté disociado de los demás, ya que todos poseen una finalidad común: la comunicación verbal.

El hombre está buscando en la expresión:

La autenticidad del procedimiento.

Consecuentemente, la abundancia del contenido impera el recurso a la intención y a la creatividad.

La libertad de creación, trascendiendo todas las orientaciones, juicios y valoraciones. Por consiguiente, esto denota cierta espontaneidad en la situación.

Estos rasgos descritos solo pueden manifestarse si el individuo ha sido educado para apreciar su lenguaje corporal y se le ha enseñado a comprender su propio cuerpo sin ningún tipo de inhibición.

Es esencial minimizar y, de ser posible, eliminar todo aquello que sea artificial, erróneo o engañoso. De esta manera, es posible hacer alusión a una cierta concepción de la veracidad en la comunicación corporal. Bara, A. sostiene que lograr una aproximación a la verdad requiere establecer un clima colectivo de plena confianza.

Ladran, luego cabalgamos

Según el adagio "Ladran, luego cabalgamos", es esencial que no otorguemos importancia a las críticas que se emiten hacia nuestro trabajo por individuos que carecen de conocimiento acerca de la naturaleza del mismo. En cambio, debemos prestar atención y considerar detenidamente las observaciones de nuestros colegas de profesión, quienes poseen un entendimiento más profundo en la materia. Un gerente experto demuestra competencia en la delegación al impartir un cierto grado de autonomía y responsabilidad a sus subordinados, mientras se abstiene de penalizar el fracaso si la tarea se ejecutó de manera competente.

"Dentro del ámbito de la Comunicación, en el que encontramos a numerosos individuos sin experiencia ni preparación, es de suma importancia actuar con cautela y mantener la serenidad ante los comentarios emitidos por aquellos desconocedores de esta profesión, quienes además presumen de tener conocimiento absoluto sobre la materia".

Tengo presente que hace numerosos años (y esta declaración es absolutamente veraz) que una compañía ofrecía una posición vacante en el cargo de Jefe de Publicidad, y mientras se contrataba un nuevo candidato para el puesto, se asignó las responsabilidades a un Manager de Producto. Esa transición se prolongó por un lapso de cerca de doce meses, y al momento de que el interino cesara sus labores, enorgullecido declaró su colosal proeza: "He logrado economizar el 80% del presupuesto", afirmó con gran satisfacción. ¿Cómo lo consiguió? Con gran facilidad: no tomó ninguna acción. Por consiguiente, se puede inferir que el individuo percepcionó la "inversión publicitaria" como una forma de "erogación" y, al carecer de pericia y familiaridad en esta área, y ante el riesgo de contemplar críticas desfavorables, optó por no tomar iniciativas, con la finalidad de evadir cualquier posible reproche sobre la toma de decisiones equivocadas.

Este asunto tiene relación con la frecuente crítica que enfrentan los líderes en las áreas de Comunicación o Publicidad respecto a su labor, ya que -a diferencia de otros especialistas- parece que todo el mundo cree tener conocimientos suficientes en el campo de la Publicidad y Comunicación. Sin embargo, ante las recientes críticas escuchadas sobre el trabajo que viene desarrollando un profesional, recordé el dicho que dice 'los perros ladran, pero la caravana sigue adelante'. Esta situación me ha instado a reflexionar acerca de la importancia que recae sobre los profesionales en enfocarse en sus respectivas labores y desestimar cualquier crítica que pueda ser emitida por individuos no debidamente capacitados para ello.

Durante el transcurso de estos años, he mantenido conversaciones con numerosos colegas en el ámbito profesional acerca de diversas temáticas vinculadas con nuestra labor. En dichas instancias, hemos compartido vivencias y perspectivas, las cuales no siempre han sido coincidentes. No obstante, de este intercambio reciproco ha surgido una mejora constante de nuestro acervo cognitivo. Los puntos de vista y opiniones expresados cuentan con la garantía de ser emitidos por individuos con un sólido conocimiento y experiencia práctica en su campo, lo que los hace altamente dignos de ser considerados. Por el contrario, en el campo de la Comunicación, donde abundan numerosos novicios, nos conviene tener mucha cautela y no dejarnos inquietar por las afirmaciones de quienes, ignorantes de esta profesión, presumen poseer la verdad absoluta.

Rasgos de Liderazgo Efectivo - Nada es más gratificante que la práctica de asignar cada área de trabajo al profesional más calificado en lugar de cubrir los puestos en base a preferencias personales y prejuicios hacia los empleados. Se espera que un ejecutivo competente demuestre consistentemente el cumplimiento del siguiente proceso:

Es imperativo que cada puesto subordinado bajo su supervisión tenga un objetivo bien definido, delineando claramente su área de responsabilidad y los resultados esperados.

(2) Es imperativo tener un conocimiento exhaustivo y detallado sobre las habilidades y fortalezas profesionales de cada uno de los candidatos considerados para la posición vacante, y seleccionar al candidato idóneo basándose únicamente en este criterio.

Una vez realizada la selección, articule claramente las responsabilidades y expectativas y asegúrese de que la persona cuente con los recursos necesarios para lograr con éxito las metas establecidas.

(4) Tener confianza y encomendar responsabilidades (siempre he creído que quien es incapaz de delegar en sus subordinados carece de la certeza de tomar decisiones correctas, lo que implica que se sospecha que es incompetente).

(5) Demandar rendimiento (Ya que es habitual encontrarme con supuestos "profesionales" que brillan en la presentación de nuevos proyectos y falsas promesas, pero fallan a la hora de obtener los resultados esperados. Estos

ofrecen una hábil oratoria, empleando con profusión la terminología técnica, lo que seduce al superior y lo hace olvidar que se enfrenta a una realidad que difiere de lo proyectado.)

Sin riesgo, no puede haber éxito. Aunque los errores son inevitables, esforzarse por alcanzar una meta y experimentar errores en el camino es preferible a la inacción para evitar la posibilidad de errores. Tom McKillop, ex director ejecutivo de una empresa farmacéutica multinacional que luego se incorporó al Bank of Scotland, abogó continuamente por la importancia de capacitar a los empleados para que asuman responsabilidades y riesgos calculados, sin temor a reprimendas por cometer un error si se investigaba a fondo y se justificaba. Este ha sido siempre su punto de vista. Resulta claro que el método en cuestión representa un instrumento enérgico para estimular y comprometer a los trabajadores con los propósitos generales de la organización; no obstante, también se antoja efectivo al momento de alcanzar el éxito empresarial, ya que un margen razonable y ponderado de riesgo acostumbra a resultar imperativo para adquirir una ventaja adicional frente a nuestros contendientes. Como se suele expresar, "El éxito no llega sin correr riesgos".

Por lo tanto, es imperativo que cada individuo se someta a una profunda autocrítica de su tarea y se comprometa a alcanzar el nivel más alto de excelencia posible. Cada proyecto y jornada deben ser abordados desde una perspectiva desafiante y estimulante. En la misma línea, la interacción constante con pares, preferiblemente dentro del propio sector, aunque participar en el intercambio de ideas y experiencias con pares de otros sectores también puede resultar enriquecedor, se erige como la herramienta primordial para el desarrollo profesional. En el caso de que escuchemos algún ladrido durante nuestro recorrido, es importante no otorgarle una relevancia excesiva, sino más bien interpretarlo como un indicio de que estamos realizando adecuadamente nuestra labor.

El titular debe servir como gancho.

Es sorprendente constatar que en la actualidad aún se presenten casos en que comunicadores profesionales deciden que los encabezados de sus noticias o notas de prensa sirvan como un resumen de la información contenida en las mismas. "Este artículo está dedicado especialmente a ellos, y también a sus superiores que permiten tal flagrante error día tras día".

Sin un encabezado efectivo, será difícil captar la atención del lector para que acceda a la lectura de tu contenido. El titular nunca debe ser un resumen de la noticia, ni siquiera su conclusión; más bien debe servir como un señuelo que despierte el interés del lector por saber en qué consiste la noticia. Una estrategia de titularización que abarca muchos temas y mantiene una rigurosa precisión, podría producir el efecto contrario al esquivo de la atención del lector hacia una noticia más interesante.

En la redacción de noticias, artículos, notas de prensa, comunicados y similares, es fundamental otorgar especial consideración al titular, pues su calidad resulta determinante para el éxito del texto completo. De lo contrario y en ausencia de un encabezado adecuado, el escrito se verá abocado al fracaso, con el consiguiente desinterés del lector, quien optará por dirigir su atención hacia otras noticias más atractivas.

No obstante, en el mundo empresarial, aunque estos documentos sean elaborados por profesionales de la comunicación (ya sean de la propia empresa o de un organismo externo), suelen ser objeto de revisión por parte de otros directivos especializados en sus respectivos campos de formación (como como médicos, economistas, abogados, farmacéuticos, etc.), pero no necesariamente en el arte de la comunicación.

Cuando el documento es presentado para su revisión, los destinatarios proceden a agregar detalles propios de un artículo científico, un manual de instrucciones, un acuerdo empresarial o un prospecto de medicamentos. A menudo, realizan innumerables correcciones, que tienen como finalidad agregar explicaciones innecesarias, detallar especificaciones técnicas y expandir la información a través de párrafos largos y prolijos. Lo manifestado representa un total contraste con las características fundamentales que deberían anteceder a todo trabajo periodístico, a saber, la brevedad, la concisión, la claridad, la emoción, el enfoque en el ser humano y la implicación personal del lector, entre otros aspectos igualmente relevantes.

Un título nunca debe ser un mero "resumen" de la noticia. Sin embargo, cuando se enfoca únicamente en el título de este artículo, el error inicial atroz que se comete es intentar encapsular la totalidad de las noticias dentro del título. Y argumento que si el titular ya proporciona la información principal, ¿qué incentivo tendría el lector para continuar con la lectura del artículo completo? Es importante destacar que un encabezado que cumpla con la función de sintetizar los hechos narrados, en muchas ocasiones, puede resultar proclive a ser extenso y carente de atractivo, lo que dificulta llamar la atención y generar interés en el lector. Al observar a cualquier lector común al hojear un periódico, se puede notar que, de manera ágil y constante, los ojos se mueven rápidamente a lo largo de las columnas. De tanto en tanto, ante la presencia de algún hecho particularmente destacado, se exterioriza la señal de estrategia "detenerse" hacia el cerebro. A partir de ahí es cuando comenzamos a leer y, si el contenido es de nuestro interés, continuamos; y si no nos interesa, proseguimos el recorrido por el periódico en busca de otra noticia que sí nos pueda interesar.

A pesar de que pueda resultar increíble, es de conocimiento general que en la actualidad existen aún un significativo número de individuos que, a pesar de su carácter profesional, persisten en la práctica de condensar la información referente a una noticia en su respectivo titular. Además, en medio de la era digital, resulta preocupante el hecho de poder constatar cómo numerosos titulares de noticias publicadas en diversas plataformas en línea se encuentran estructurados de manera idéntica, lo cual, en lugar de brindar una imagen coherente de un periódico, se asemeja más bien a un simple catálogo temático.

Por otro lado, existe un grupo de publicaciones que se destacan por haber asumido de manera efectiva estos conceptos y ofrecer titulares atractivos que nos invitan a dedicar más tiempo a su lectura, propiciando así nuestra fidelidad como audiencia.

Un encabezado de calidad debe contar con, como mínimo, las siguientes cualidades:

(1) Un encabezamiento debe ser conciso, comprendiendo no más de dos líneas.

Es necesario emplear una comunicación clara y concisa que permita una rápida comprensión del mensaje transmitido.

Cabe señalar que tiene la intención de cautivar en lugar de informar únicamente como sugiere su declaración de misión.

Debe tener un impacto en los individuos y por lo tanto caer dentro del ámbito de las preocupaciones y/o intereses del lector.

(5) Y, por supuesto, debe guardar alguna relación con el contenido de la noticia (el sorprender por sorprender es un engaño que provoca el rechazo del lector).

Habiendo dicho eso, se puede observar que la elaboración de un titular implica tanto experiencia técnica como talento artístico en el ámbito de la publicidad. El escritor involucra al lector, lo desafía y lo incluye en los acontecimientos, creando una experiencia participativa en torno a la noticia. Posteriormente, en el transcurso del artículo se podrá satisfacer la curiosidad del lector brindando las respuestas pertinentes a los interrogantes de "qué, quién, cómo, cuándo, dónde y por qué". No obstante, para lograr captar la atención del lector y despertar su interés, es fundamental elaborar un título atractivo que "enganchen" de forma irresistible su curiosidad.

Me gustaría expresar a aquellos directivos que evalúan las noticias, notas de prensa, artículos, comunicados, entre otros, mi sugerencia de no limitar la creatividad de los profesionales de la Comunicación, sino más bien, motivarlos a utilizar todas sus habilidades para impresionar al lector, mediante la utilización de encabezados cautivantes. Si se desea de verdad que una noticia sea leída y/o transmita un mensaje a través de ella, el requisito primordial y necesario es conseguir que el lector no la pase por alto, y es precisamente ahí donde reside el titular, o el gancho. entra en juego.

Si el titular no logra captar nuestra atención con algo llamativo, rompedor, inusual, sorprendente, desconocido, etc., pocos seguiremos leyendo el artículo. A modo ilustrativo, hagamos este ejercicio: A continuación, recopilamos varios titulares que han llegado a los medios de comunicación en un día determinado (son solo ejemplos, pero igualmente válidos se pueden encontrar en cualquier redacción o agencia de noticias). La intención de quienes enviaron estos comunicados de prensa fue asegurar su publicación y asegurarse de que los mensajes que transmiten lleguen a los lectores. Sin embargo, lo que expresaron frente a mis propios pensamientos sobre el asunto, que presentaré momentáneamente, difiere significativamente.

Se comenta que en España, una proporción de una de cada diez individuos de la población mayor de 70 años presenta insuficiencia cardíaca.

PERO... Qué hallazgo más interesante. ¿Es acaso desconocido para ustedes que la salud de los individuos tiende a decrecer en la medida que envejecen?

DICEN QUE... La farmacia tiene una política de puertas abiertas para establecer nuevos servicios.

PERO... La farmacia se encuentra en la obligación de desplegar opciones cada vez más amplias y diversas al público, si desea continuar su existencia en el mercado.

DICEN QUE... El laboratorio X presenta datos actualizados sobre la supervivencia libre de progresión de su fármaco en investigación X9291 en pacientes con cáncer de pulmón de células no pequeñas.

PERO... Con la existencia de un titular tan extenso, resulta innecesario (y poco atractivo) continuar la lectura de la noticia.

DICEN QUE... La colaboración público-privada es fundamental para asegurar la sostenibilidad del Sistema Nacional de Salud.

PERO... ¿Cuál será la razón por la cual hemos tenido la ocasión de escuchar esta frase en tantas ocasiones?

DICEN QUE... Mañana, el estimado Dr. Z, director médico de la Compañía Y, pronunciará un discurso de apertura en el Congreso Internacional ASCRS en San Diego".

PERO... ¿Y cuál es la relevancia para nosotros de su participación en una conferencia? Lo que posiblemente resulte de interés serían las aportaciones novedosas presentes en dicha ponencia.

DICEN QUE... La Universidad de una determinada provincia y el Consejo de Farmacéuticos de la misma provincia han llegado a un acuerdo de colaboración.

PERO... Acuerdos de cooperación están siendo suscritos con frecuencia cada día. ¿En qué radica el interés de esto? ¿Acaso es necesario leer la totalidad del artículo para obtener el conocimiento completo?

DICEN QUE... Importante participación de ponentes internacionales en el XVIII Congreso Nacional y VIII Internacional de la Sociedad Española de Medicina Preventiva, Salud Pública e Higiene.

PERO... Es decir, que ha habido una considerable inscripción de profesionales médicos en el mencionado congreso, no obstante, ¿cuál es la información relevante que se desea transmitir?

Resulta evidente que aquellos que redactan o aprueban encabezados similares para sus publicaciones informativas, deberían leer detenidamente este artículo y reflexionar sobre sus enseñanzas.

Los Prosumidores Son Personas Que Consumen Y Producen Contenido Al Mismo Tiempo.

La práctica conocida como obsolescencia programada ha sido ampliamente mencionada en el pasado, y se ha utilizado como medio para ilustrar una técnica comercial que implica retirar del mercado diversos productos, ya sea debido a defectos, duración limitada o a su falta de practicidad, o en otros casos, para actualizarlos, modificarlos periódicamente y fomentar una respuesta positiva del público hacia estos artículos de consumo popular. Como tal, este asunto puede ser considerado anecdótico. El tema en cuestión es distinto, puesto que en la presente época tenemos una obsolescencia aún mayor de lo que nunca antes había sido experimentado, especialmente en todo lo referente a dispositivos técnicos, electrodomésticos y otros instrumentos similares, los cuales son objeto de una constante modificación forzada por los progresos tecnológicos sin fin.

No nos referimos a innovaciones como el fuego o la rueda, que ocurrieron hace cientos de miles de años y cuya evolución tomó milenios. Más bien, estamos discutiendo avances recientes como la memoria flash o pendrives, que sirven como dispositivos de almacenamiento portátiles. Sin embargo, estos dispositivos se han vuelto obsoletos a la luz del atractivo de la tecnología en la nube, junto con otras impresionantes aplicaciones de almacenamiento y transferencia de archivos como Dropbox o WeTransfer, entre otras diversas opciones. Ni mencionar los anticuados discos compactos o CD y los disquetes, los cuales son auténticas piezas de museo. Alteraciones en los instrumentos y dispositivos que se fusionan con prácticas que minimizan la generación de documentos impresos en papel, complementado por una retórica y un razonamiento coherente en favor de la ecología y la conservación del entorno natural.

Las computadoras de sobremesa y los dispositivos móviles que anteriormente eran únicamente teléfonos portátiles, pero que en la actualidad se presentan como completas herramientas móviles provistas de funcionalidades telefónicas, constituyen una sucesión de adelantos tecnológicos en evolución constante y ampliamente difundidos. Nos encontramos en medio de un acelerado proceso de cambio constante, renovación y evolución. Se produce de manera anual y mensual.

Por ejemplo, la vinculación entre los dispositivos móviles Smartphone y los relojes de muñeca y pulseras que ofrecen una variedad de usos está en aumento. Estos productos también incluirán anillos multifuncionales que sirven como auriculares y altavoces de teléfono al mismo tiempo. Aunque pueden parecer novedades sorprendentes para muchos, lo cierto es que ya están en proceso de desarrollo y pronto estarán disponibles en el mercado. Próximamente se tornarán de aplicación frecuente.

Se trata de una carrera dinámica, en constante evolución, cautivadora e impredecible. Existen numerosas cohortes de empresarios comprometidos en desarrollar las aplicaciones más impresionantes para una amplia variedad de propósitos, incluyendo aquellos que pueden ser considerados inusuales o inesperados. La complementariedad y diversidad única entre la técnica y los servicios se aprecia en su evolución constante.

En este caso, se puede expresar de la siguiente manera: "La dinámica interactivo-bidireccional se ha establecido como una realidad en este contexto gracias a la amplia variedad de herramientas disponibles, lo que ha ocasionado la inexistencia de un mero consumidor pasivo de información." La situación ha sufrido una transformación drástica del individuo que recibiría pasivamente el flujo de información de un canal específico y lo atendería con resignación. La anterior representación pasiva se ha visto reemplazada por el uso activo y bidireccional de un usuario que no solo consume, sino también produce contenido de manera proactiva. El término "prosumidores" adquiere relevancia en este contexto, refiriéndose a aquellos individuos que no solo consumen contenido, sino que también lo analizan, cuestionan, interpretan, complementan y comparten lo que consideran más relevante o interesante con otros, a menudo acompañado de comentarios adicionales.

Actualmente, existe un debate sustancial entre los académicos acerca de la autonomía o el criterio del contenido generado por el ciudadano común y hasta qué punto puede ser influenciado por grandes entidades, incluyendo individuos maliciosos conocidos como "troles". Este fenómeno es relativamente reciente, correspondiente al siglo actual, y está en proceso de ser comprendido y abordado por diversos sectores. Nos mantenemos atentos a las actualizaciones al respecto.

Este consumidor proactivo posee la habilidad de reaccionar oportunamente y desde cualquier ubicación a través del dispositivo móvil. Un artículo que se preparó durante horas, días, semanas o incluso meses, puede recibir cientos o miles de comentarios o reacciones en cuestión de segundos, en todo el mundo y con orígenes diversos. La potencial viralidad de los citados contenidos dependerá de las características y atributos del contenido, así como de la comunidad que integre la plataforma de difusión. Ya sea que el contenido demuestre ser infinitamente reproducible, sujeto a ciertos parámetros y al nivel de atractivo que genera, o reciba una tracción significativa de una plataforma que cuenta con cientos de miles de usuarios debido a intereses creados, puede ocurrir el fenómeno de una "caída en picada", lo que resulta en una multiplicación generalizada de las especies informacionales.

Como se ha mencionado a lo largo del texto, esta es información que involucra (mientras inspira asombro) a una audiencia indeterminada sin precedentes y orientada globalmente, que abarca incluso a aquellos conectados al infinito.

Recomendaciones Para Mejorar Las Habilidades De Oratoria En Público

En algún momento, la mayoría de las personas que trabajan en el ámbito empresarial se encontrarán en una situación en la que tendrán que afrontar un desafío o dificultad significativa."
situación en la que hablar en público es parte del ejercicio promocional de
la conexión comercial. La oratoria no se enfoca exclusivamente en dirigirse a un público específico.
Únicamente una audiencia amplia, ya que asimismo es viable abordar a una concurrencia más reducida.
personajes El propósito subyacente del ejercicio de presentación oral es la habilidad de comunicarse efectivamente ante una audiencia.
Exhibir información de forma atractiva y perspicaz.

En público

A continuación se presentan algunos consejos para aquellos individuos que tengan la intención de...

La participación en un ejercicio de oratoria requiere enfocarse en los siguientes aspectos:

Comunicar eficazmente ante una audiencia exige un grado de convicción óptimo para lograr una presentación sólida.

Incorporado en la entrega global de los materiales proporcionados.

presentado.

Este aura de convicción es el elemento que establecerá una conexión con el...

El componente destinatario está diseñado para generar interés en el material que se presenta.

Además del aspecto de interés, una presentación respaldada por una actitud firme y determinada en su expresión.

Además, se pretende fomentar en el receptor una mayor certidumbre acerca del asunto, logrando de esta manera un efecto positivo.

Garantiza la fidelización del cliente al realizar la conversión a bases de clientes leales.

La oratoria pública es más efectiva cuando se realiza sin la necesidad de recurrir a la lectura de un discurso.

notas preparadas. Aparte de la posibilidad de que la información leída pueda ser.

Además de ser menos atractivo, existe el riesgo de no tener la capacidad de...

El presentador debería esforzarse por establecer conexión con el público, puesto que su atención se encuentra distraída en la tarea de lectura.

dicho material.

La conservación del contacto visual puede considerarse como una de las acciones de mayor relevancia.

Elementos que requieren atención constante y asegurarse de que sean practicados de manera regular.

En ausencia de un intercambio visual crucial, existen limitadas oportunidades para

El presentador demostró la capacidad de cautivar la atención de la audiencia durante un período prolongado.

A pesar de la presentación de material emocionante, el aspecto del contacto visual persiste.

Es imprescindible, puesto que brinda al presentador la ocasión de evaluar la

El grado de receptividad de la audiencia hacia el material que se presenta.

Esto facilitaría al orador llevar a cabo las acciones necesarias durante el acto.

Modificaciones con el objetivo de garantizar la interrupción del efecto desfavorable.

Capítulo 7:
Cómo la mala comunicación puede tener un impacto perjudicial en su negocio.
Sinopsis
Sin importar el tamaño de la organización, las deficientes prácticas comunicativas

Podría generar consecuencias muy perjudiciales para la empresa en cuestión y, en ocasiones,

El efecto resultante es extremadamente adverso, lo que puede dar lugar a consecuencias prácticamente irreparables.

imposible de corregir. Por lo tanto, es crucial reconocer que...

Es imperativo que se detenga o erradique por completo la comunicación deficiente.

Algunos consejos

Las siguientes son varias áreas que podrían verse afectadas por...

comunicaciones:

El uso de técnicas inadecuadas puede tener un impacto negativo significativo en los niveles de producción de una empresa.

La falta de una comunicación efectiva podría conllevar a una disfunción en...

comunicaciones y también productividad. En el momento en que se produce esta circunstancia, las objetivos...

Y habitualmente se observa que los plazos se ven comprometidos.

La falta de una comunicación efectiva puede generar una disminución en la moral de los individuos dentro del grupo.

Se prevé que el beneficio en cuestión se extienda progresivamente a los miembros del equipo laboral en un futuro próximo.

plataforma de negocios. No comprender las expectativas planteadas, por ende...

Fallar en cumplir con las expectativas puede generar una gran confusión.

Existe una paralización en los procedimientos organizacionales de la compañía, los cuales a su vez

Tener una influencia desfavorable en el progreso anticipado del día a día.

Fallar es una eventualidad frecuente que puede ser atribuida a una comunicación deficiente o inadecuada.

Competencias de aquellos que emanan mandatos. En determinadas situaciones, esto conlleva a que el ya

Las comunicaciones, que ya eran deficientes, empeoran aún más a medida que se asigna la culpa.

comienza el ejercicio. En consecuencia, es de suma importancia cerciorarse de que...

Cuando se vincula a un ejercicio específico, comprende todo lo que se espera.

Si la comunicación sigue siendo deficiente, quizás sería pertinente implementar alguna solución.

Medidas estimulantes para propiciar un cambio de rumbo que coadyuven a superar cualquier obstáculo.

negatividad.

Finalizando

La comunicación inadecuada también tiene una influencia desfavorable en la situación.

El progreso de la empresa es limitado en cuanto a la expansión de ventas.

La visibilidad de la empresa, el producto o el servicio que se proporciona. Lugar

"La comunicación puede generar discrepancias que, en un contexto empresarial o profesional, pueden ocasionar consecuencias financieras desfavorables".

El rechazo de los productos debido a la no conformidad con los estándares.

Estimado cliente, es frecuente que los malentendidos y la falta de comunicación adecuada se presenten con cierta regularidad.

está muy extendido.

www.ingramcontent.com/pod-product-compliance
Lightning Source LLC
Chambersburg PA
CBHW050412120526
44590CB00015B/1936